Gerlinde Blahak

Die kreative Malschule

Grundlagen, Techniken und Projekte für den differenzierten Kunstunterricht

5.–10. Klasse

PERSEN

Die Autorin

Gerlinde Blahak ist Studienrätin mit den Fächern Englisch, Geschichte, Sozialkunde und Kunsterziehung. Sie arbeitete an einer Realschule und einer Fachakademie für Sozialpädagogik und hat bereits mehrere Werke im Bereich Kunstpädagogik veröffentlicht.

Gedruckt auf umweltbewusst gefertigtem, chlorfrei gebleichtem und alterungsbeständigem Papier.

1. Auflage 2017

Grafik: Alle Abbildungen © Gerlinde Blahak
Satz: Satzpunkt Ursula Ewert GmbH, Bayreuth

ISBN: 978-4-403-20090-1

www.persen.de

Inhaltsverzeichnis

Kopfzeilenpiktos:

Arbeitsblatt

Lehrerhinweis

Vorlage

Vorwort

In diesem Buch wird der sehr komplexe Bereich des Malens in der Schule auf wesentliche, für Ihre Schüler relevante und vor allem im Unterricht umsetzbare Aspekte reduziert.

Wichtig waren mir hier vor allem folgende Kriterien:

1. Malen bedeutet, der Farbe auf der Fläche Vorrang gegenüber der Zeichnung zu geben. Das heißt, dass zwar lineare Vorentwürfe gemacht werden, diese aber nur dem Bildaufbau dienen und erst durch die malerische Bearbeitung zum eigentlichen Bild werden.

2. Für einen erfolgreichen, lehrplanorientierten Kunstunterricht ist es unerlässlich, dass die Schüler auch einige wichtige Fachbegriffe kennenlernen. In einleitenden Infoblättern finden Ihre Schüler kurze, präzise Erläuterungen, z. B. über Werkzeuge und Farben. Deren Inhalte können dann anschließend gleich in einer praktischen Übungsaufgabe erprobt werden. Diese ist jeweils so konzipiert, dass sie in allen Jahrgangstufen eingesetzt werden kann.

3. Im Anschluss daran bietet jedes der Kapitel drei komplexere Projektvorschläge, differenziert nach Jahrgangsstufen und mit unterschiedlichen Schwierigkeitsgraden. Die Themenvorschläge sind variabel einsetzbar und schülernah gewählt, sodass Ihre Schüler ihre Projekte motiviert und interessengeleitet fertigstellen werden.

4. Der Einsatz im Unterricht wird durch Kurzbeschreibungen, Lösungsvorschläge und entsprechende vorangestellte Lehrerhinweise erleichtert. Vorlagen und detaillierte Schülerarbeitsblätter gewährleisten zudem ein selbstständiges Arbeiten in der Klasse, sodass Sie moderierend und unterstützend in den Hintergrund treten können.

5. Besonderes Augenmerk wurde darauf gelegt, dass Werkzeuge (z. B. Pinsel, Wachsmalkreiden) und Farbmittel (z. B. Malkasten, Acrylfarben) meist sowieso schon vorhanden oder aber preisgünstig zu erstehen sind. Alle Arbeiten können zudem auf normalem Zeichenblockpapier, Tonpapier oder Fotokarton ausgeführt werden.

6. Die kreative Malschule richtet sich dank seines einfachen Aufbaus und der präzisen Formulierungen nicht nur an Kunsterzieher, sondern auch an fachfremd Unterrichtende und Quereinsteiger, die das Kapitel „Malen“ kompetent angehen wollen.

7. Die Ergebnisse Ihrer Schüler werden mit Sicherheit sehr individuell und originell ausfallen. Präsentieren Sie sie doch z. B. als Blickfang im Schulhaus: Die Anerkennung, die Sie Ihren Schülern damit zuteilwerden lassen, wirkt als zusätzliche Motivation für einen lebendigen und kreativen Kunstunterricht.

Ich wünsche viel Erfolg und positives Feedback bei der Umsetzung der Aufgaben.

Gerlinde Blahak

Werkzeuge – Informationen

Pinsel

Pinsel sind als Haarpinsel (aus Tierhaaren) oder Borstenpinsel (aus Kunstfasern) erhältlich. Mit Spitzpinseln kann man zeichnen und Formen exakt ausmalen. Flachpinsel eignen sich besser zum Ausmalen von Flächen. Die Pinselstärke lässt sich anhand der Nummerierung (je kleiner die Nummer, desto feiner der Pinsel) erkennen.

Wachsmalstifte

Die Pigmente (Farbteilchen) werden bei Wachsmalstiften in wachsartigen, öligen Bindemitteln zusammengepresst. Wenn die Stifte wasserfest sind, weisen sie flüssige Farbe beim Übermalen ab. Die Zeichnung bleibt deutlich sichtbar (Batikeffekt). Wasserlösliche Stifte lassen sich mit einem feuchten Pinsel vermalen (Aquarelleffekt).

Kreide

Kreide hinterlässt einen weichen Strich und lässt sich gut verwischen. Die Bilder müssen deshalb zum Schluss fixiert werden (mit einem Fixativ oder ersatzweise mit Haarspray). Man unterscheidet Pastellkreiden (in vielen Farbnuancen erhältlich), Ölkreiden (brauchen nicht fixiert zu werden) und Tafelkreiden, die sich auch in Wasser tauchen lassen und dann fest auftrocknen. Auf getöntem und leicht texturiertem Papier kommen Kreiden besonders gut zur Geltung.

Finger

Wenn die Fingerspitze oder das erste Fingerglied in Farbe getaucht wird, entstehen beim Malen punkt- oder schlierenartige Farbspuren. Farbpfützen lassen sich individuell verwischen. Man kann mit mehreren Fingern und Farben gleichzeitig malen.

Übungsaugabe: Glückspferd

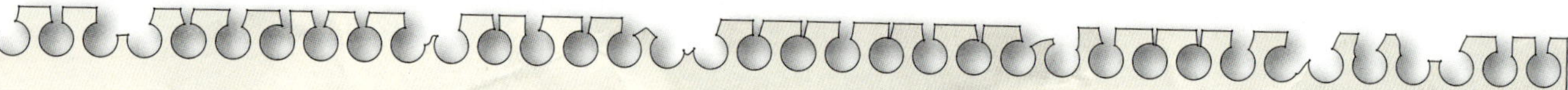

Material

Vorlage (Glückspferd), Wachsmalstifte (nicht wasserlöslich), Malkasten, spitzer Pinsel (z. B. Nr. 6), Wassergefäß, Tafelkreide, Haarspray

Anleitung

a) Ziehe alle Konturen auf der Vorlage kräftig mit schwarzem Wachsmalstift nach. Setze in einzelne Teilflächen mit bunten Wachsmalkreiden Farbflecken oder Muster.

b) Male einige Flächen mit dem Pinsel und Malkastenfarben ganz oder teilweise aus. Male dabei auch über Farbspuren aus Wachsmalkreide hinweg.

c) Lege mit Tafelkreiden eine dünne Farbschicht über getrocknete Flächen oder setze weitere Farbakzente.
Sprühe zum Schluss zum Fixieren ein wenig Haarspray über das Bild.

Übungsaufgabe, Vorlage: Glückspferd

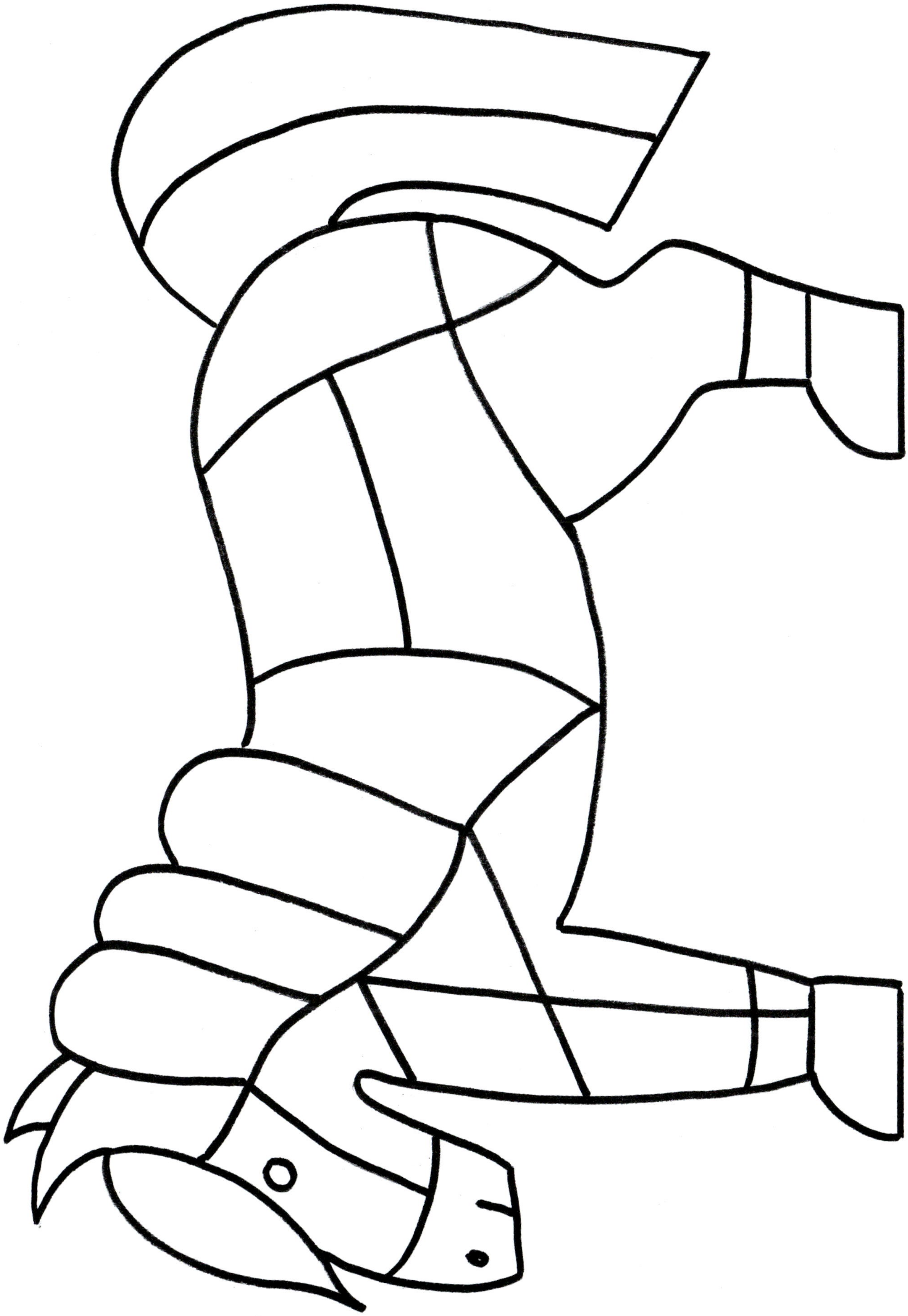

Projekt 1: Bunte Haare

Kurzbeschreibung

Die Schüler versehen einen Kopf in Profilansicht mit einer bunten Haarmähne, indem sie mit Wachsmalstiften, Kreide und Pinsel Farbflächen aus Linien gestalten und übereinanderlegen.

Jahrgangsstufe

7–10

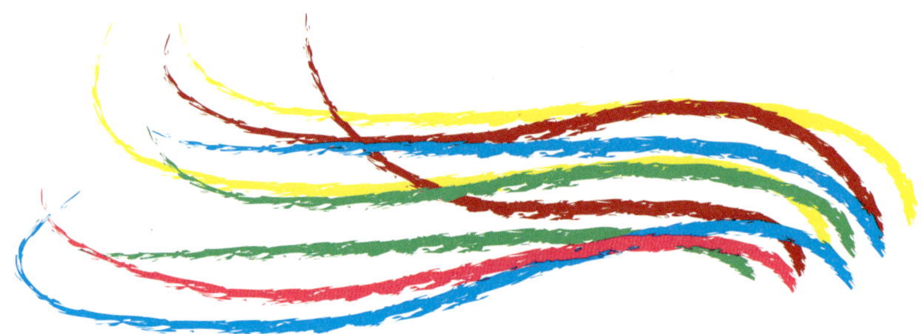

Zeitaufwand

1 Doppelstunde

Lernziele

1. Die Schüler experimentieren mit spontanen Linienzeichnungen unter Einsatz verschiedener Werkzeuge.
2. Sie erzeugen durch Überlagern verschiedener Farbspuren eine „optische Mischung".

Hinweise

1. Die Schüler können die vorgeschlagenen Profilzeichnungen übernehmen oder selbst individuelle Profiltypen entwerfen.
2. Weisen Sie darauf hin, dass alle Haarlinien immer am Kopf beginnen und in Wuchsrichtung zu zeichnen sind.
3. Im Bereich der Halspartie findet ein Wechsel des Werkzeugs statt: Die Schüler setzen mit den Fingern Farbspuren.

Präsentationstipp

Stellen Sie die Ergebnisse z. B. einem Friseursalon zu Dekorationszwecken zur Verfügung.

Projekt 1: Bunte Haare

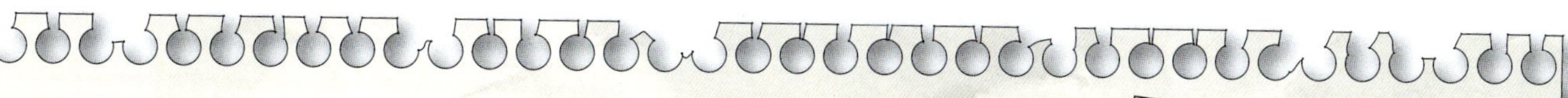

Material

Vorlage (Profile), weißes Zeichenpapier (DIN A3), Bleistift und Radiergummi, dünner, schwarzer Filzstift, Wachsmalkreiden (nicht wasserlöslich), Tafelkreide, spitzer Pinsel (Nr. 6), Malkasten, Wassergefäß

Anleitung

1. Kopf im Profil

Lege dir ein Zeichenblatt in Größe DIN A3 zurecht und überlege, ob du dein Bild waagerecht oder senkrecht anlegen willst.
Zeichne anschließend mit Bleistift die Profillinie eines Kopfes ca. 5 cm vom Rand entfernt vor.
Achte darauf, dass der größte Teil der Blattfläche für die Gestaltung der Haare zur Verfügung steht.

> *Tipp:* Orientiere dich für das Profil an den Vorschlägen auf der Vorlage, die du z. B. durchpausen kannst, indem du Vorlage und Blatt gegen eine Fensterscheibe presst.Wenn du einen eigenen Entwurf machen willst, zeichne zuerst mit Bleistift vor und ziehe dann die Linien mit dünnem, schwarzem Filzstift nach.

2. Haare

Lege Wachsmalkreiden in verschiedenen Farben zurecht und benetzte die Farbnäpfchen, die du verwenden willst, im Malkasten mit Wasser.
Gib mit dem Bleistift mithilfe einiger Linien die Richtung vor, in der die Haare verlaufen sollen.
Beispiele:
Die Haare stehen nach oben und hinten in verschiedenen Längen ab.
Sie fallen ins Gesicht (Ponyfransen).
Sie verdecken nur eine Seite des Gesichts.
Sie sind am Oberkopf sehr kurz, im Nacken sehr lang.
Sie schwingen als Pferdeschwanz vom Kopf weg.

Beginne deine Malaufgabe mit Wachsmalkreiden in beliebigen Farben. Setze die Kreide an der Ansatzlinie der Haare an und ziehe schwungvolle Linien vom Kopf weg. Die Linien werden sich teilweise überlagern, die Haarspitzen biegen sich in eine oder mehrere Richtungen.

Arbeite anschließend mit dem spitzen Pinsel. Nimm eine beliebige Farbe auf und setze wieder am Haaransatz mit einem schwungvollen Strich an. Lass ihn zum Blattrand hin auslaufen. Male mit verschiedenen Farben, vor allem in die Zwischenräume.

Zuletzt nimmst du Tafelkreide und fährst den Verlauf einiger Haarsträhnen nach. Setze nur einige wenige Akzente (z. B. in Gelb), um die Haarmähne zu verdichten.

2. Kragen

Drücke deinen Zeigefinger in feuchte Farbe im Malkasten und gestalte eine Kragenform um den Hals, indem du mit dem Finger Linienspuren oder Abdrücke zu einer Farbfläche aneinandersetzt.

Projekt 1, Vorlage: Profile

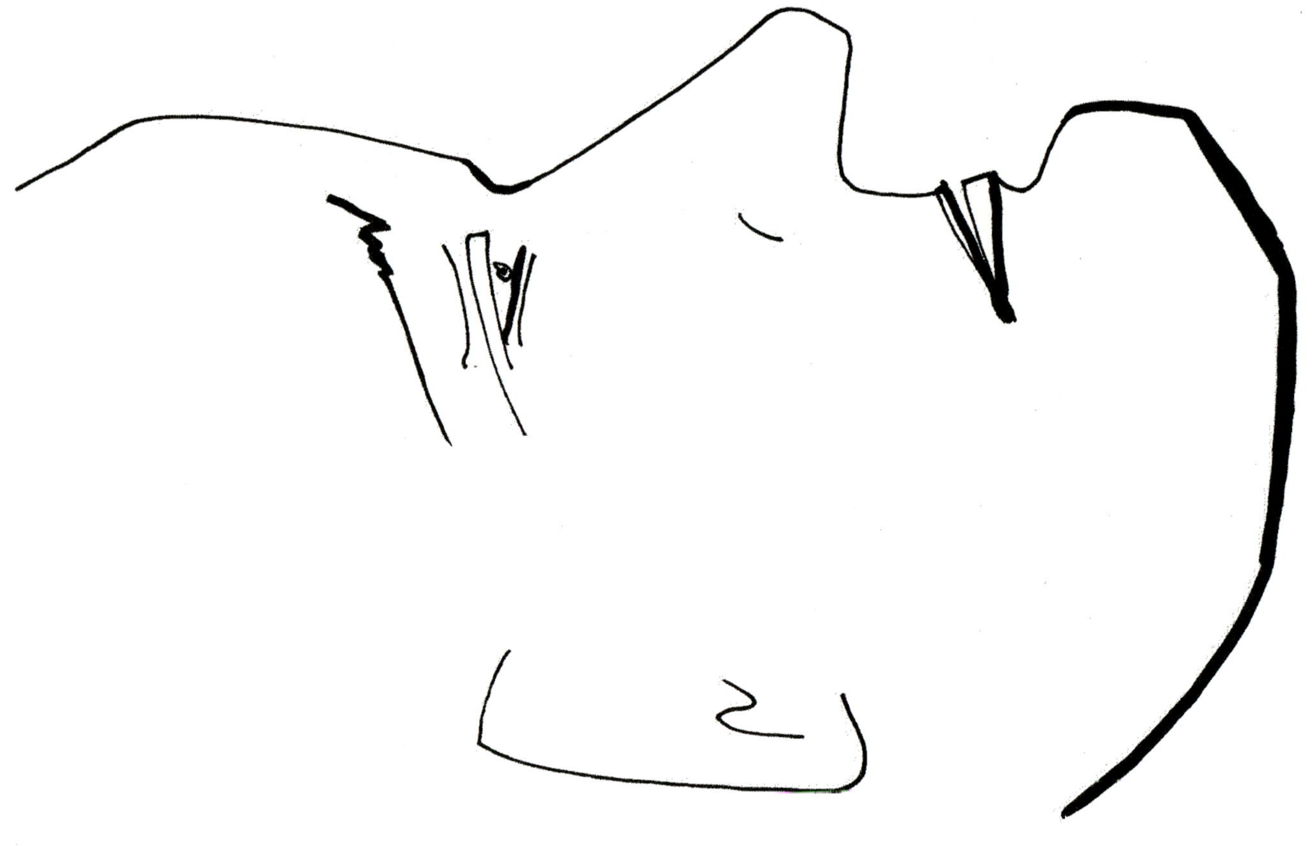

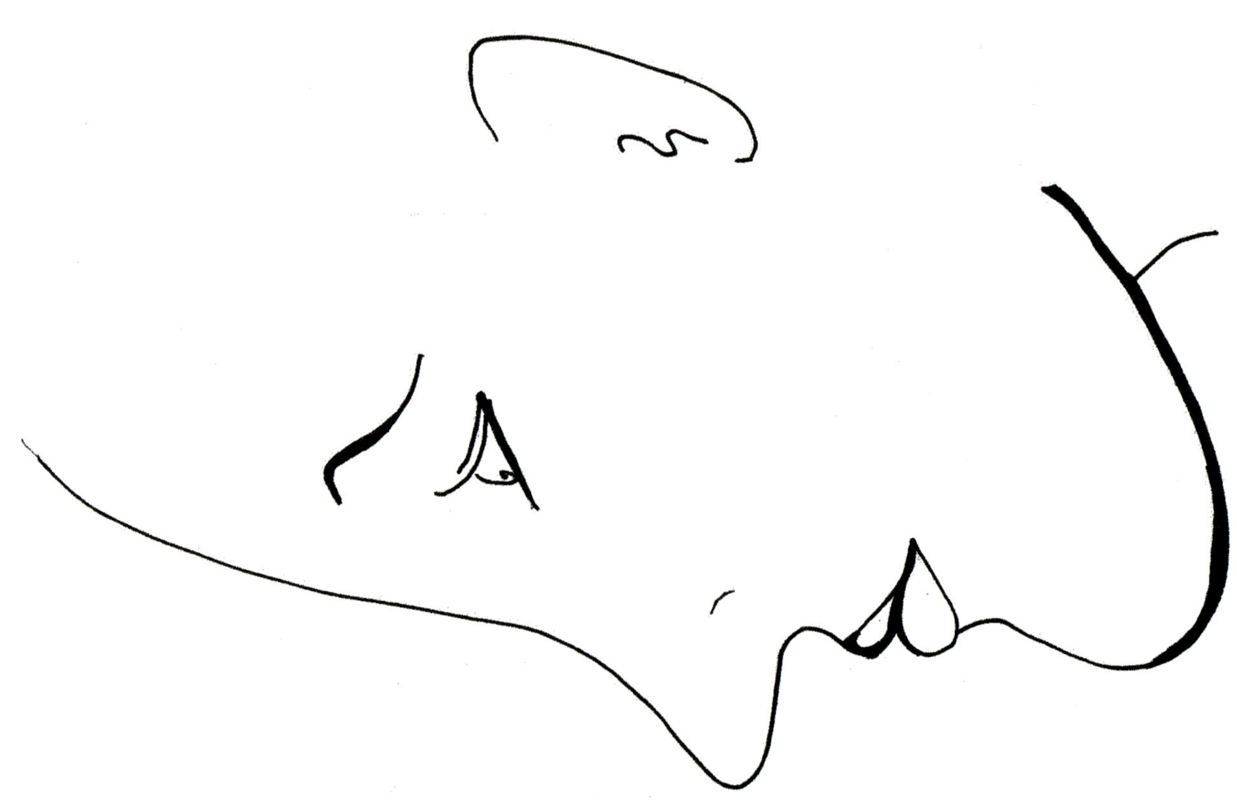

Projekt 2: Exotische Blüten

Kurzbeschreibung

Die Schüler gestalten auf Fotokarton mit Pinsel und Farbe großflächige Blüten und Blattformen, über die mit Ölkreiden weitere Farbschichten gelegt werden.

Jahrgangsstufe

8–10

Zeitaufwand

3 Unterrichtsstunden

Lernziele

1. Die Schüler lernen großflächiges, spontanes Malen mit dem Pinsel ohne Vorzeichnung kennen.
2. Sie experimentieren mit dem Übereinanderlegen verschiedener Farbschichten mithilfe unterschiedlicher Werkzeuge.

Hinweise

1. Als Malgrund empfiehlt sich Fotokarton (DIN A3) in einer hellen Farbe.
2. Erläutern Sie anhand der Vorlage, in welchen Schritten der Malvorgang erfolgen soll. Weisen sie darauf hin, dass es sich bei der Pinselmalerei um eine großflächige Untermalung der Motive handelt, die später noch mit Kreiden ausdifferenziert werden.
3. Die Schüler sollten im Vorfeld nur den jeweiligen Mittelpunkt der Blüten festlegen (Bleistift) und eventuell mit einplanen, dass einige Motive vom Blattrand abgeschnitten werden.
4. Die Ölkreiden, mit denen sich, je nach Druck, zarte Spuren oder geschlossene Farbflächen erzeugen lassen, brauchen nicht fixiert zu werden.

Kunstgeschichtlicher Aspekt

Stellen Sie die Künstlerin Georgia O'Keeffe und ihre Werke vor.

Projekt 2: Exotische Blüten

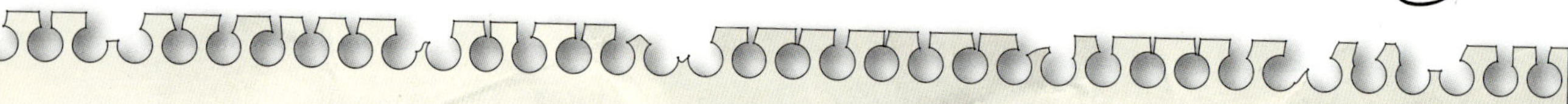

Material

Vorlage (Exotische Blüten), farbiger Fotokarton (DIN A3), Malkasten (mit Deckweiß), Wassergefäß, spitzer Pinsel (Nr. 6), Ölkreiden, Bleistift

Anleitung

1. Vorbereitungen

Wähle für den Malhintergrund Fotokarton (DIN A3) in einer hellen Farbe (z. B. Hellgrün, Rosa, Gelb), die mit den Farben, in denen du die Blüten gestalten willst, harmoniert.
Beispiele: Rosafarbener Hintergrund für rote und blaue Blüten, gelber Hintergrund für rote und orangefarbene Blüten etc.
Lege mit Bleistift fest, wo sich der Mittelpunkt deiner Blüten befinden soll (zwei bis drei Motive).
Skizziere falls nötig auf einem Probeblatt die Form und Lage der Blütenblätter vor.

2. Malen mit dem Pinsel

Blüten:

Benetze alle Farbnäpfchen, deren Farben du einsetzen willst, mit klarem Wasser.
Nimm mit einem spitzen Pinsel (z. B. Nr. 6) Farbe auf und male mit breitem Strich Blütenblätter, die sich von einem Mittelpunkt nach außen wölben.
Zeichne spitze oder runde Formen. Male nicht die gesamte Fläche des Blütenblattes aus, sondern lass noch Teile des Hintergrundes unbearbeitet. Wichtig: Lass zwischen den einzelnen Farbflächen etwas Platz, damit sie nicht ineinanderlaufen. Plane eventuell Blüten ein, die durch den Blattrand abgeschnitten werden. Übermale die Farbflächen teilweise noch einmal. Male mit mehr oder weniger Wasserzusatz.

Tipp: Orientiere dich für die Reihenfolge der Schritte an der Vorlage.

Blätter:

Wasche deinen Pinsel gut aus.
Drücke Deckweiß in den Malkastendeckel und nimm es unvermischt mit dem feuchten Pinsel auf.
Zeichne in die noch nicht bearbeiteten Stellen des Hintergrundes unter Einsatz der Pinselspitze und Pinselbreite beliebige Blattformen.
Achte auch hier wieder darauf, dass sich die Farbflächen nicht berühren.

3. Malen mit Ölkreiden

Wähle zunächst ähnliche oder verwandte Nuancen der bereits verwendeten Farben aus und lege mit der Kante oder der Breitseite der Kreiden Farbschichten auf die trockenen Blütenflächen.
Arbeite vor allem die schmalen „Distanzstellen" und Zwischenräume aus. Setze mit anderen Farben Akzente. Betone Ränder und setze Schattenzonen. Lass aus dem Blüteninneren Staubfäden herauswachsen. Zeichne die Ränder der weißen Blattformen locker nach und akzentuiere die Flächen mit dünnen Farbspuren.

Projekt 2, Vorlage: Exotische Blüten

Projekt 3: Mann mit Turban

Kurzbeschreibung

Die Schüler gestalten eine Entwurfsskizze, die einen bärtigen Mann mit Turban darstellt, farbig aus. Dabei setzen sie zum Malen Pastell- oder Tafelkreiden in beliebigen Farben sowie die Finger als Werkzeuge ein.

Jahrgangsstufe

5–10

Zeitaufwand

2–3 Unterrichtsstunden

Lernziele

1. Die Schüler experimentieren mit der unterschiedlichen Handhabung verschiedener Kreiden.
2. Sie erarbeiten differenzierte Farbmischungen durch das Übereinanderlegen von mehreren Farbflächen.

Hinweise

1. Die Schüler erstellen vor Beginn des eigentlichen Malvorgangs eine einfache, lineare Bleistiftskizze, an der sie sich bei der Arbeit grob orientieren können (siehe Vorlage Mann mit Turban).
2. Als Werkzeuge können sowohl Pastellkreiden als auch normale Tafelkreiden zum Einsatz kommen. Letztere bieten allgemein keine große farbige Bandbreite, trocknen jedoch, wenn sie vor dem Malen angefeuchtet werden, als feste Schicht mit wenig Abrieb auf.
3. Die Finger kommen beim Verwischen von Farbflächen zum Einsatz.
4. Regen Sie an, dass ungewöhnliche Farben verwendet werden.
5. Wenn Farbschichten übereinandergelegt werden, ergeben sich interessante Mischungen und Strukturen.
6. Überschüssiger Kreidestaub sollte abgeklopft und nicht mit der Hand abgewischt werden. Unerwünschte Kreidespuren lassen sich vorsichtig wegradieren.
7. Während der Arbeit sollten die Schüler das Bild des Öfteren mit Fixativ oder (preisgünstigerem) Haarspray einsprühen.

Projekt 3: Mann mit Turban (1)

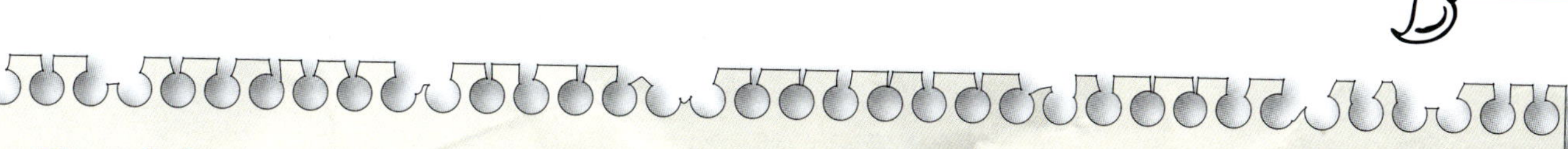

Material

Vorlage (Mann mit Turban), weißes Zeichenpapier (DIN A3), Bleistift, Radiergummi, Pastellkreiden oder Tafelkreiden, Wassergefäß für Tafelkreiden, Küchenpapier (zum Säubern der Finger)

Anleitung

1. Entwurfsskizze

Entwirf auf weißem Zeichenpapier in Größe DIN A3 mit Bleistift eine einfache Linienzeichnung eines Mannes mit Turban. Sie soll dir später während des Malens beim Anlegen der einzelnen Farbflächen Hilfestellung leisten. Orientiere dich z. B. an dem Vorschlag auf der Vorlage.

Beginne mit einem großen Gesichtsoval in der Mitte oder der unteren Hälfte des Blattes. Deute die Lage der Augen des Mundes und einen Bart an. Zeichne einen möglichst großen Turban, der einen Teil der Stirn bedeckt. Er kann verschiedene Formen (breit, rund, spitz) haben und zeigen, wie sich Stoffbahnen beim Wickeln überschneiden. Deute zwischen Augen und Nasenspitze seitlich am Kopf Ohren an.

Überlege, wie du die Halspartie gestalten willst. Je nach Platz kannst du z. B. einen Kragen oder eine Kette anfügen.

> *Tipp:* Haare, die seitlich unter dem Turban hervorschauen und herunterhängen, zeichnest du am besten nicht vor, sondern gestaltest sie später gleich mit einer entsprechenden Farbkreide. Radiere zum Schluss alle nicht mehr nötigen Hilfslinien aus.

2. Malvorgang – Gesicht

Wähle Kreide in einer hellen Farbe (Pastell- oder Tafelkreide) und ziehe die Umrisse der Hautpartien des Gesichts mit der Kante nach. Lege die Kreide beiseite und verwische die Farbspuren mit den Fingern in Richtung Augen und Nase. Gestalte Schatten neben dem Nasenrücken oder Augenringe unter den Augen. Nimm eine kontrastierende Farbe und zeichne mit der Kante vorsichtig Nasen- und Augenform nach. Arbeite auf diese Weise auch die Ohren heraus. Setze über die Augen kräftige Brauen. Fixiere diesen Teil des Bildes.

3. Malvorgang – Turban

Entferne von dem Kreidestück, mit dem du malen willst, die Papiermanschette, damit du es in voller Breite einsetzen kannst.

Setze an einer Konturlinie an und führe das Kreidestück mit Schwung zur Seite oder nach oben, wo du es „auslaufen" lässt. Wiederhole den Vorgang (eventuell mit einer anderen Farbe). Probiere die Technik falls nötig auf einem Probeblatt aus. Du kannst ab und zu auch das Weiß des Blattes stehenlassen. Wenn du Tafelkreiden benutzt, tauche sie zuerst kurz in Wasser. Du erhältst pastose, deckende Spuren, die rasch antrocknen. Setze zum Schluss ein Schmuckstück oder eine Feder auf den Turban.

Fixiere die ausgearbeiteten Stellen mit Spray.

Projekt 3: Mann mit Turban (2)

4. Malvorgang – Bart- und Halspartie

Fülle die Bartfläche mit einzelnen geraden oder welligen Kreidestrichen, die (in verschiedenen Farben) dicht nebeneinanderliegen.
Zeichne Haare, die unter dem Turban sichtbar werden, auf die gleiche Weise seitlich an das Gesicht (über oder hinter die Ohren).
Gestalte einen dekorativen Kragen oder verwische etwas Farbe am Hals mit den Fingern.

5. Schlusstipps

Klopfe den entstehenden Kreidestaub zwischendurch immer wieder ab oder puste ihn von deinem Bild. Wischen erzeugt oft unerwünschte Spuren!
Du kannst auch nach dem Fixieren immer noch neue Kreideschichten oder Akzente auftragen.
Töne den Hintergrund mit den Fingern in Gelb oder einer anderen Farbe durch sanftes Verwischen ab.
Sprühe zum Schluss noch mehrmals Fixiermittel über dein Bild.

Projekt 3, Vorlage: Mann mit Turban

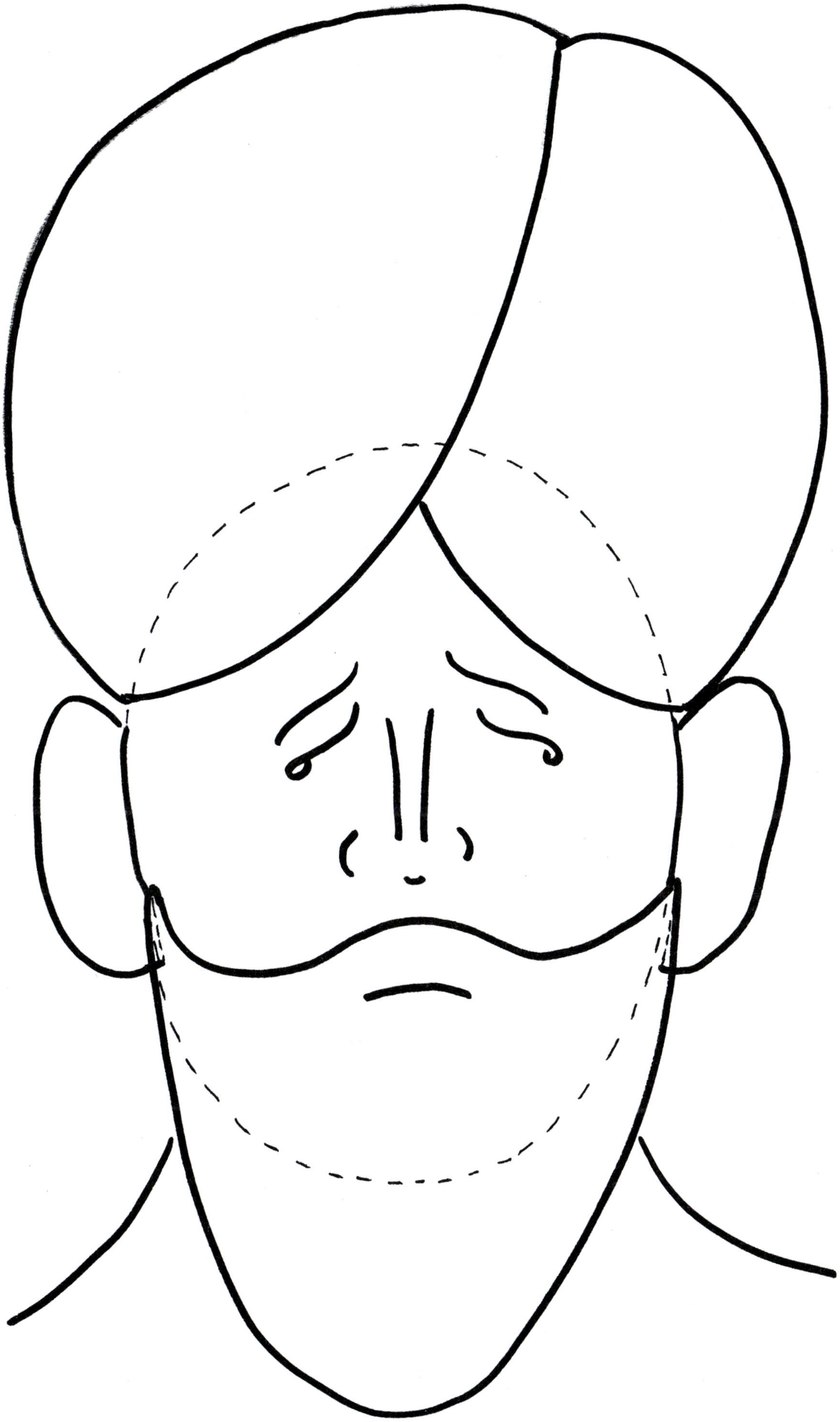

Farben und Farbwirkung – Informationen

Farben

Farben bestehen aus fein gemahlenem Farbstaub (Pigmenten) und einem Bindemittel, das in flüssigem Zustand die einzelnen Farbteilchen zusammenhält und schließlich fest austrocknet. **Pigmente** werden entweder aus natürlichen Grundstoffen (z. B. aus Pflanzen oder Mineralien) oder auf synthetischer Basis hergestellt.
Als **Bindemittel** dienen z. B. Leim, Wachs, Öl und Kunststoffharz.

Je nach Zusammensetzung unterscheidet man in

- **Deckfarben**, die weniger Bindemittel, aber noch zusätzliche Füllstoffe enthalten. Sie haben daher eine größere Deckkraft. Hierzu gehören z. B. die herkömmlichen Malkastenfarben und Plakafarben.
- **Aquarellfarben**, die keine Füllstoffe enthalten und, mit mehr oder weniger Wasser vermischt, durchsichtige (transparente) Farbschichten ergeben.
- **Ölfarben**, deren Bindemittel aus Pflanzenöl gewonnen wird. Sie erfordern eine längere Trocknungszeit. Häufig werden mit Wasser vermalbare Ölfarben verwendet, die schneller trocknen und so leichter zu handhaben sind.
- **Acrylfarben**, die mit synthetischem Harz gebunden werden, schnell trocknen und gut übermalbar sind.

Farbwirkung

Rot, Blau und Gelb sind **Primär- oder Grundfarben** und können nicht durch Mischen hergestellt werden.

Mischt man eine der Grundfarben mit einer anderen, dann entstehen sogenannte **Sekundärfarben** (Farben zweiter Ordnung), zum Beispiel Grün, Orange und Violett.

Komplementärfarben (auch Ergänzungsfarben) ergeben den größtmöglichen Farbkontrast. Das bedeutet, dass zwei Grundfarben zu einer Sekundärfarbe gemischt werden und die dritte Grundfarbe daneben unvermischt verwendet wird. (Beispiel: Rot + Blau ergibt Violett, das kontrastreiche Gelb ist die „Gegenfarbe".)

Warm-kalt-Kontrast: Blau, Blaugrün und Grün gelten als „kalte" Farben. Sie drücken Distanz und Ferne aus. „Warme" Farben wie Rot, Gelb und Orange hingegen wirken lebhaft und ausdrucksvoll und drängen sich optisch in den Vordergrund.

Übungsaufgabe: Geometrisches Wandbild

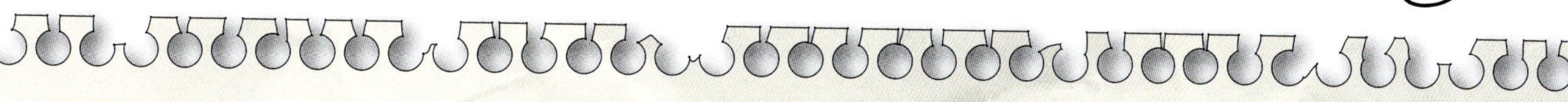

Material

weißes Zeichenpapier (DIN A4/DIN A3), Bleistift, Lineal, Aquarellfarben, Ölfarben, Acrylfarben (Farbstellung: Primär- und Sekundärfarben), Palette, breiter Pinsel (Nr. 12/16), Wassergefäß, Küchenpapier (zum Säubern der Pinsel), schwarzes Tonpapier (DIN A4/DIN A3), Schere, Papierschneidegerät, Klebestift

Für die Präsentation: schwarzes Tonpapier DIN A3 und größer

Anleitung

Nimm ein weißes Zeichenpapier (DIN A4 oder DIN A3) senkrecht oder waagerecht.
Teile die Fläche mit Lineal und Bleistift beliebig in rechteckige Teilflächen von unterschiedlicher Größe auf.
Drücke Ölfarbe, Acrylfarbe und Aquarellfarbe in kleinen Portionen auf eine Palette. Beschränke dich dabei auf Primär- und Sekundärfarben.

> *Tipp:* Die Ränder der Farbfelder müssen nicht ganz exakt angelegt werden, da sie später überklebt werden.

Beginne den Malvorgang mit der hellsten Farbe (Gelb). Male in dieser Farbe verschiedene rechteckige Flächen der Vorzeichnung (3–4) aus.
Beachte, dass die verschiedenen Farben unterschiedlichen Wasserzusatz erfordern und dass der Pinsel dazwischen immer gut ausgewaschen werden muss.
Verfahre mit den weiteren Farben ebenso. Versuche, eine harmonische Verteilung der einzelnen Farbflächen zu erreichen. Setze in einige wenige Farbflächen dekorative Zeichen in Pinselbreite (z. B. Schrägstriche, Spirale). Lass das Bild anschließend gut trocknen (mindestens über Nacht).

Schneide mit einem Papierschneidegerät oder einer Schere schmale Streifen aus schwarzem Tonpapier von unterschiedlicher Breite (0,5–1 cm). Betone mit ihnen die Ränder einiger Rechtecke. Experimentiere vor dem Aufkleben mit ihrer Lage und Länge. Lass aber auch noch handgemalte Begrenzungen stehen.

Schneide zum Schluss überstehende Papierstreifen ab und präsentiere dein Wandbild auf einem Hintergrund aus schwarzem Tonpapier (DIN A3 und größer).

> *Tipp:* Fügt alle Lösungen an einer Wand zu einem abstrakten Gemeinschaftsbild zusammen.

Projekt 1: Segelregatta

Kurzbeschreibung

Die Schüler stellen in Aquarelltechnik Segelboote auf einer bewegten Wasserfläche dar. Dabei verwenden sie ausschließlich Primär- und Sekundärfarben.

Jahrgangsstufe

8–10

Zeitaufwand

3 Unterrichtsstunden

Lernziele

1. Die Schüler malen mit beschränkter Palette (Primär- und Sekundärfarben).
2. Sie experimentieren mit verschiedenen Aspekten der Aquarellmalerei (Aussparen, Lavieren, Pinseleinsatz).
3. Sie lernen nach hinten kleiner werdende Motive als ein Mittel kennen, um Perspektive zu erzeugen.

Hinweise

1. Die Aufgabe lässt sich mit Aquarellfarben, aber auch mit Farben aus dem Schulmalkasten lösen.
2. Es empfiehlt sich, Aquarellpapier oder eine kräftigere Papierqualität von mindestens 125 g/m^2 zu verwenden.
3. Achten Sie darauf, dass die Schüler mit den hellsten Farben (Gelb, Orange) zu malen beginnen sowie Pinsel zwischendurch gut auswaschen und das Malwasser wechseln.
4. Wichtig ist auch, dass die Schüler zwischen den einzelnen Farbflächen schmale Stege unbearbeitet lassen, um das Ineinanderfließen der Farben zu verhindern. Dazu können Sie eventuell die Abbildung Phase 1 als Folie zur Erläuterung zeigen.
5. Grundlage für die Komposition ist eine einfache, lineare Bleistiftskizze. Dabei orientieren sich die Schüler bezüglich der Motive an dem Vorschlag auf der Vorlage, sie können aber auch eigene Ideen einbringen.

Projekt 1: Segelregatta

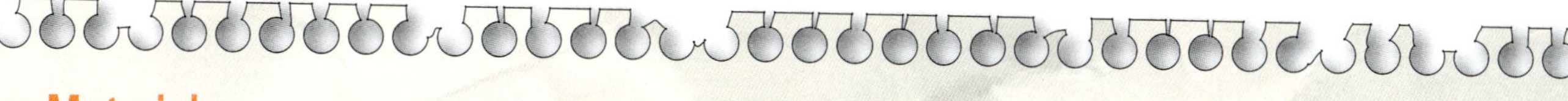

Material

Vorlage (Segelregatta), Bleistift, Radiergummi, Lineal, weißes Aquarellpapier (DIN A3), Malkasten/Aquarellfarbkasten, Pinsel (Nr. 12, 8, 2), Wassergefäß

Anleitung

1. Kompositionsskizze

Lege dir Aquarellpapier oder kräftiges Zeichenpapier in der Größe DIN A3 waagerecht oder senkrecht zurecht.
Orientiere dich für deine Vorzeichnung an den Hinweisen auf der Vorlage.
Ziehe mit Bleistift und Lineal etwa 10 cm vom oberen Bildrand entfernt eine Horizontlinie ein (1).
Setze dann ein großes Segelboot mit geblähtem Segel zentral ins Bild. Beginne mit dem Bug (2), der nach unten hin im Wasser verschwindet.
Zeichne einen Mast (3), der auch eine Neigung aufweisen kann.
Entwirf ein großes Segel, das sich im Wind bläht (4).
Deute mit Lineallinien Taue und Seile (Takelage) an (5).
Unterteile die Segelfläche in größere Binnenflächen. Achte darauf, dass sie sich noch gut mit dem Pinsel ausmalen lassen (6).
Skizziere nach hinten versetzt zwei weitere Segelboote, die in der Größe zum Horizont hin abnehmen.
Es ist auch möglich, eines der Boote so zu zeichnen, dass es vom Bildrand abgeschnitten wird.
Achte darauf, dass sich alle Segel nach derselben Richtung blähen.

2. Flächen malerisch gestalten

Boote:

Beginne deine Malarbeit mit der Ausgestaltung der Segelflächen: Setze nur Primärfarben (Blau, Rot, Gelb) und Sekundärfarben (Grün, Orange, Violett) ein.
Verwende dazu einen Pinsel in der Größe Nr. 8.
Male alle Flächen, die eine helle Farbe (z. B. Gelb) erhalten sollen, zuerst.
Wasche den Pinsel gut aus und wechsele häufig das Malwasser.
Lasse immer das Weiß des Hintergrundes als schmalen Steg unbearbeitet zwischen den einzelnen Teilflächen stehen, dies verhindert das Ineinanderfließen der Farben!
Male die Bugfläche des Bootes nicht ganz aus, sondern lasse in der Mitte wiederum das Weiß des Papiers als Glanzeffekt stehen.

Wasserfläche:

Arbeite jetzt mit einem breiteren Pinsel (Nr. 12).
Verdünne Blau mit sehr viel Wasser, sodass es durchsichtig erscheint. Prüfe die Farbkonsistenz auf einem Probeblatt.
Bemale, an der Horizontlinie beginnend, die Wasserfläche um die Boote herum (7).
Male mit kreisenden Bewegungen. Achte besonders darauf, dass um die Boote herum noch großzügig weiße Papierflächen ausgespart werden.
Deute im Bereich des jeweiligen Schiffsbugs kleine Wellen an und lass wieder weiße Flecken als Schaumkronen stehen.
Vermale das Blau mit zusätzlichem Wasser und lass punktuell kräftigeres Blau/Grün einfließen, um Schatten zu erzeugen.

Projekt 1: Segelregatta

Landschaft:
Tauche einen Pinsel Nr. 12 in das (blaue) Malwasser und setze einige wenige Wolkenstreifen in den Himmel. Halte großzügig Abstand zur Horizontlinie.
Male entlang der Horizontlinie mit wässrigem Ocker/Braun/Grün winzige Baumgruppen oder Hügel.
Lass das Bild gut trocknen, bevor du weiterarbeitest.

3. Fertigstellen
Arbeite jetzt mit einem dünnen, spitzen Pinsel (Nr. 2).
Lege das Lineal dort an, wo Masten und Taue eingezeichnet werden sollen. Tauche den Pinsel in dunkles Blau und ziehe entlang der Linealkante Linien. Sie sollten für Masten etwas kräftiger, für Taue etwas zarter ausfallen.
Zeichne nun mit dem Pinsel in Blau, Rot oder Grün die Trennungslinien zwischen den Farbflächen sowie die Außenkonturen der Segelboote nach.
Setze zum Schluss nochmals mit breiterem Pinsel Farbakzente auf die Bugwände.

Segelregatta Phase 1

Segelregatta Phase 2

Projekt 1, Vorlage: Segelregatta

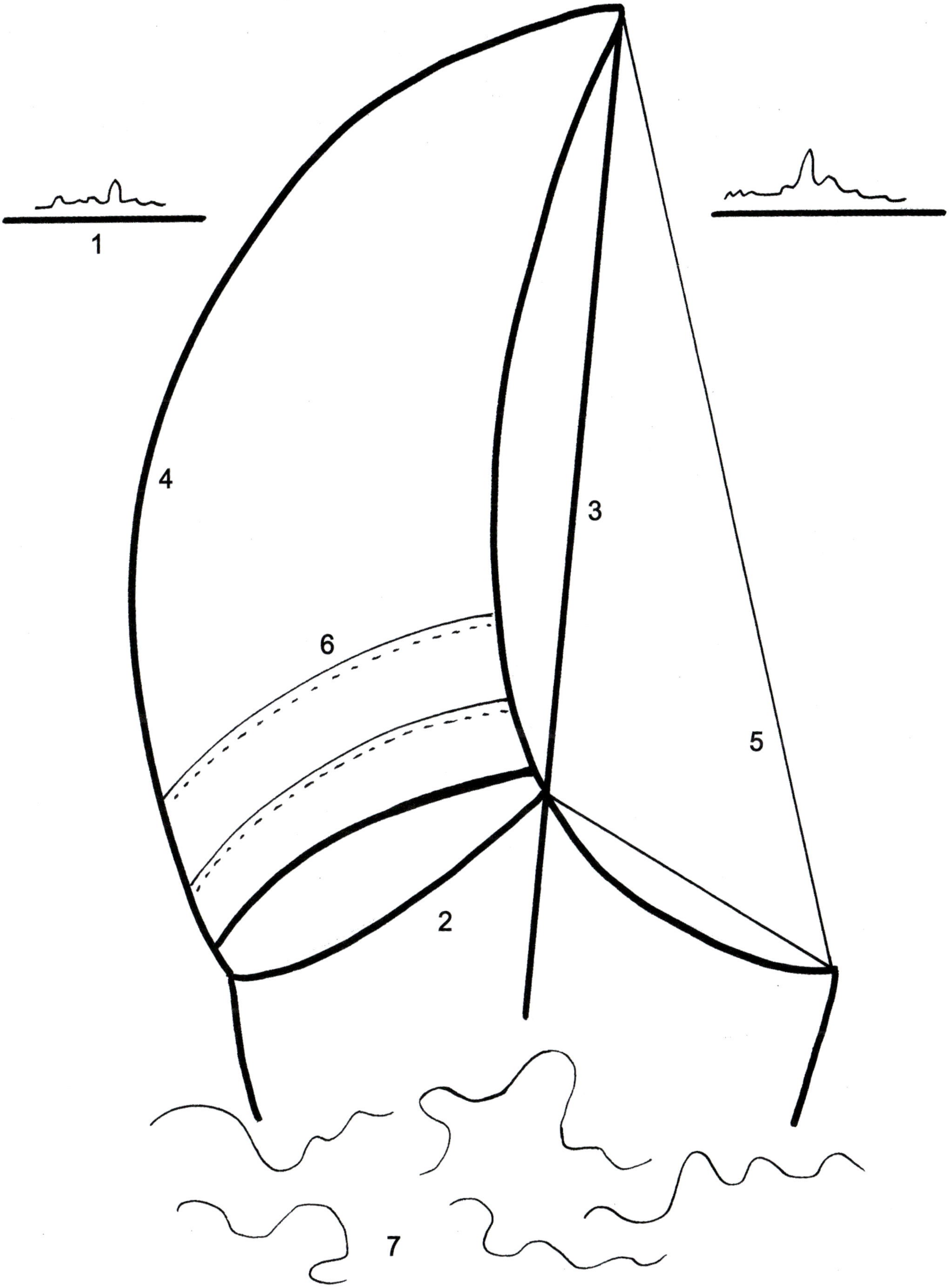

1

4

3

6

5

2

7

Projekt 2: Zwei Papageien

Kurzbeschreibung

Die Schüler gestalten mit Acrylfarben zwei Papageien, wobei sie sich bei den einzelnen Vögeln jeweils auf das Spektrum warmer beziehungsweise kalter Farben beschränken.

Jahrgangsstufe

5–10

Zeitaufwand

4 Unterrichtsstunden

Lernziele

1. Die Schüler lernen das Spektrum warmer und kalter Farben kennen und setzen deren Kontrastwirkung gezielt ein.
2. Sie arbeiten mit Acrylfarben, die sie lasierend als Untermalung sowie deckend auftragen.
3. Sie zeichnen Motive, indem sie sie aus einfachen geometrischen Formen aufbauen.

Hinweise

1. Die Aufgabe ist für die Arbeit mit Acrylfarben konzipiert, die eine größere Leuchtkraft aufweisen. Sie lässt sich aber auch mit Farben aus dem Malkasten lösen.
2. Die Schüler fertigen eine einfache Skizze von zwei Papageien an (siehe Vorlage), deren Gefieder sie dann malerisch durch über- und nebeneinandergelagerte Farbschichten darstellen.
3. Weisen Sie besonders darauf hin, dass auf eine lasierende Untermalung pastose Pinselstriche gesetzt werden. Es empfiehlt sich, die Wirkung auf einem Skizzenblatt zu überprüfen.
4. Für Flächen, die weiß erscheinen sollen, wird das Weiß des Untergrundes stehen gelassen oder sie werden mit Deckweiß ausgestaltet.

Präsentationstipp

Lassen Sie Ihre Schüler aus grünem Fotokarton oder Tonpapier große Blattformen anfertigen, die sie mit wenigen Pinselstrichen bemalen und dann überlappend auf einer Wand samt den Projektergebnissen präsentieren können.

Projekt 2: Zwei Papageien

Material

Vorlage (Zwei Papageien), weißes Zeichenpapier (DIN A3), Bleistift, Radiergummi, Acrylfarben, Pinsel (Nr. 3, 6, 12), Wassergefäß, Skizzenblatt

Anleitung

1. Vorzeichnung

Nimm ein weißes Blatt Zeichenpapier (DIN A3) senkrecht und skizziere mit Bleistift die Umrisse von zwei Papageien vor. Baue jeden Vogel aus geometrischen Grundformen auf. Orientiere dich dabei an den Arbeitsschritten auf der Vorlage (1–7).

Setze die Papageien so ins Bild, dass sie neben- oder hintereinandersitzen. Achte darauf, dass die Blattfläche möglichst gut ausgenutzt wird und noch 2–3 cm Platz bis zum Rand frei bleibt.

Zeichne die Vögel mit unterschiedlicher Kopfhaltung und Augenpartie.

Lege für Kopf und Flügel nur die äußeren Umrisse fest. Die Federn entstehen während des Malens durch entsprechende Pinselstriche.

2. Farbauswahl und Malvorgang

Entscheide, welcher der Vögel in warmen und welcher in kalten Farben gestaltet werden soll.

Beginne zuerst mit nur einem Vogel und lege dir alle Farbtuben oder Näpfchen zurecht, die in dieses Spektrum passen: Blau-Grün-Töne für kalte Farben, Rot, Orange und Gelb für warme Farben. Beachte, dass du auch weitere Farben durch Mischen herstellen kannst.

Beginne mit einem breiteren Pinsel (z. B. Nr. 12) und vermische zunächst Gelb oder Orange bzw. Blau oder Grün mit viel Wasser und lege eine Untermalung an. Das bedeutet, dass du in einer hellen Farbe (z. B. Hellblau/Gelb) den gesamten Körper und Teile des Kopfes flächig ausmalst. Spare dabei die Stellen aus, die später weiß erscheinen sollen. Lass diese Grundierung etwas trocknen, bevor du weitermalst.

Nimm nun mit einem mittleren Pinsel (z. B. Nr. 6) kräftige, nur mit wenig Wasser vermischte Farben auf und setze sie in breiten Pinselstrichen nebeneinander, um Federn anzudeuten. Setze dazwischen kleine Farbpunkte mit der Pinselspitze.

Male mit einem spitzen, dünnen Pinsel (Nr. 3) dünne Linien z. B. um die Augen oder an den Füßen. Achte darauf, dass die Farben hier nicht ineinanderlaufen.

Wenn du Konturen hervorheben willst, verwendest du am besten Braun, Violett oder Schwarz (Pinsel Nr. 3).

Lass die Farbflächen gut trocknen, bevor du zum Schluss an einigen Stellen Deckweiß einsetzt.

Extratipp: Setze mit der Pinselspitze einzelne kleine Punkte und Striche aus dem jeweils anderen Farbspektrum (warm/kalt) als zusätzliche Akzente auf das Federkleid.

Projekt 2, Vorlage: Zwei Papageien

Projekt 3: Landschaftsleporello

Kurzbeschreibung

Die Schüler malen drei Ebenen einer Landschaft auf drei sich zum Vordergrund hin verkleinernde Leporelloflächen. Dabei setzen sie jeweils unterschiedliche Farben im Komplementärkontrast als Gestaltungselement ein.

Jahrgangsstufe

7–10

Zeitaufwand

4 Unterrichtsstunden

Lernziele

1. Die Schüler lernen die Leporellofaltung und das Hintereinanderstaffeln von Bildebenen als Mittel kennen, um Dreidimensionalität zu erzeugen.
2. Sie setzen für jede Bildfläche differenzierte Farben im Komplementärkontrast ein.
3. Sie schulen anhand einer Papierarbeit Feinmotorik und Schneidetechnik.

Hinweise

1. Die Schüler gehen für das dreiteilige Leporello von einem Blatt in Größe DIN A4 aus, dessen Fläche sie zunächst an der Schmalseite um ca. 1 cm verkleinern, sodass sich die restliche Fläche in drei gleich große Teile einteilen lässt (Breite 9,5 cm). Die Schüler arbeiten hier mit Bleistift und Lineal und knicken anschließend die Flächen ziehharmonikaartig gegeneinander.
2. Achten Sie darauf, dass die Schüler den Hintergrund (Wolken, Berge) auf Fläche 1 und den Vordergrund (Wasser, Brücke) auf Fläche 2 als Erstes entwerfen. Für den Entwurf der Stadt (Fläche 3) muss das Leporello umgedreht werden! Zeigen Sie das Verfahren am besten anhand der Vorlage.
3. Anschließend schneiden die Schüler von jeder Fläche entlang der oberen Entwurfslinie Teile des Papiers weg (siehe Vorlage). Es entstehen drei sich sukzessive verkleinernde Ebenen.
4. Die Schüler entscheiden frei, in welcher farbigen Komplementärkonstellation sie jede Ebene ausmalen wollen.
5. Zum Schluss stabilisieren sie das Leporello durch schwarzes Tonpapier, das auf die jeweilige Rückseite der Flächen geklebt wird.

Projekt 3: Landschaftsleporello

Material

weißes Zeichenpapier (DIN A4), schwarzes Tonpapier (DIN A4), Lineal, Bleistift, Radiergummi, Malkasten, Wassergefäß, Pinsel (Nr. 3, 6), bunte Filzstifte, Schere, Klebestift, Vorlage (Landschaftsleporello)

Anleitung

1. Leporellofaltung

Verkleinere ein weißes Zeichenblatt (DIN A4) mit der Schere an einer Schmalseite um ca. 1 cm, sodass sich die restliche Fläche in drei gleich große Teile einteilen lässt (Breite 9,5 cm). Benutze dazu Bleistift und Lineal.
Zeichne die Faltkanten ein und knicke die Fläche wie bei einer Ziehharmonika nach vorne und nach hinten.
Streiche die Fläche wieder glatt und lege sie waagerecht vor dich hin.

2. Entwürfe auf drei Ebenen

Bearbeite zunächst Fläche 1 mit Bleistift (siehe Vorlage):
Zeichne an der oberen Kante einen Wolkenverlauf und darunter Hügelketten und Felder. Skizziere noch keine Details, da diese später mit dem Pinsel gestaltet werden.
Entwirf auf Fläche 2 im unteren Drittel (etwa 8 cm vom unteren Rand entfernt) einen Flusslauf mit Brücke oder eine Baumgruppe.
Drehe nun das Blatt um und skizziere etwa 8 cm vom oberen Rand entfernt die Silhouette einer Häuserzeile auf Fläche 3. Deute anschließend Dächer, weitere Gebäude, Tore und Bäume an.
Schneide anschließend mit der Schere die jeweils leeren Teile auf allen drei Flächen weg (siehe Vorlage). Wenn du dein Bild wieder zusammenklappst, staffeln sich die drei Ebenen zum Vordergrund hin hintereinander.

3. Malen

Wähle für jede Fläche eine Grundfarbe und deren Komplementär-/Ergänzungsfarbe: Blau/Orange, Rot/Grün, Gelb/Violett (siehe Vorlage).
Beginne mit der jeweils hellsten Farbe und verwende einen kleinen Pinsel (z. B. Nr. 6). Male mit den angebotenen Farben aus dem Malkasten oder mische selbst neue Nuancen. Bleibe immer für eine Ebene bei der gewählten Konstellation.
Wasche den Pinsel zwischendurch gut aus und wechsele öfter das Wasser.
Setze kleine Details (z. B. Dachziegel, Wolken, Baumstämme) mit dem Pinsel auf die Flächen. Lass jede Fläche anschließend gut trocknen.
Betone zum Schluss mit Filzstiften in den passenden Farben einige Kanten oder setze kleine Akzente in das Bild.

4. Stabilisieren

Lege jede Teilfläche auf schwarzes Tonpapier und ziehe ihre Umrisse mit Bleistift nach. Lass an der jeweils oberen Kante einen breiteren Rand (2 cm).
Klebe die schwarzen Flächen auf die drei Rückseiten.
Schneide die oberen Ränder so zu, dass das schwarze Papier noch als kleiner Rand stehen bleibt.

Extratipp: Präsentiere dein Leporello stehend oder hänge es an der Wand auf, wobei sich die Ebenen nach vorne hin öffnen.

Projekt 3, Vorlage: Landschaftsleporello

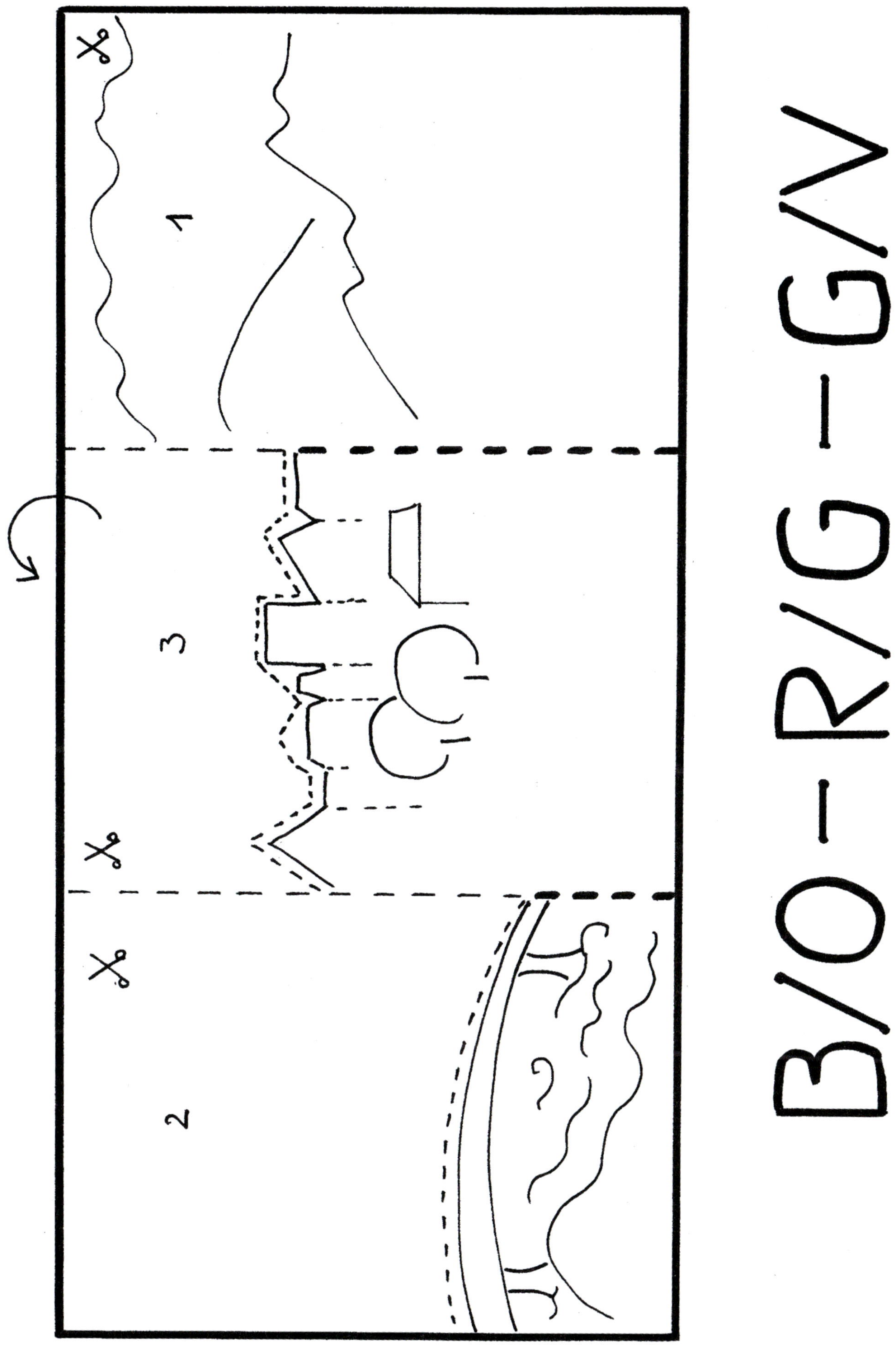

Farbauftrag – Informationen

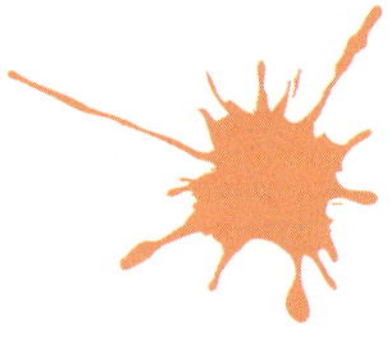

Beim **deckenden Malen** wird die Farbe dickflüssig (pastos) verwendet. Sie soll den Untergrund möglichst überdecken. Es wird nur so viel Wasser zugesetzt, dass sich die Farbe gleichmäßig auf der Fläche vermalen lässt.

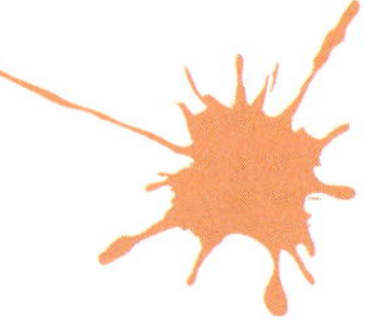

Beim **lasierenden Farbauftrag** werden die Farben so stark verdünnt, dass der Untergrund noch durchscheint. Am besten eignen sich dazu Aquarellfarben, aber auch Deckfarben und sogar Acrylfarben lassen sich so verarbeiten. Nach dem Trocknen kann man eine zweite, durchsichtige Farbschicht darüberlegen und eine Farbmischung erzeugen.

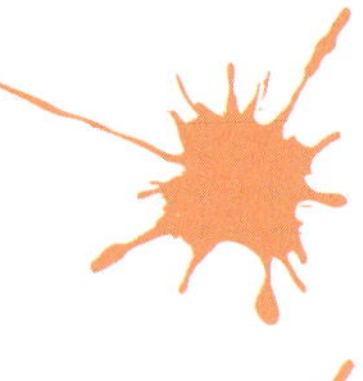

Beim **Lavieren** „verzieht" man eine deckend aufgetragene Farbspur mit dem Pinsel und viel Wasser auf dem Hintergrund zu einer durchsichtigen Fläche.

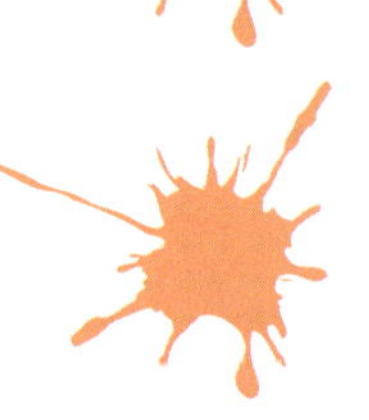

Die **Nass-in-Nass-Technik** wird häufig für Untermalungen und große Flächen verwendet. Dabei wird der Untergrund mit Pinsel und klarem Wasser angefeuchtet. Die aufgetragenen Farben verlaufen dann auf der feuchten Fläche in weichen Umrissen. Es bilden sich zufällige Farbstrukturen, die man durch erneutes Eintropfen von Farbe noch betonen und ausdeuten kann.

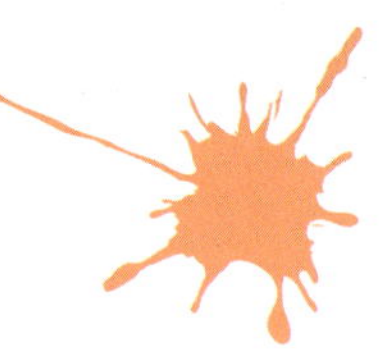

Beim **Übermalen** von Farbflächen gelten folgende Regeln:

Helle Farben werden von dunklen Farben überdeckt. Sie selbst haben wenig Deckkraft (außer in Verbindung mit Deckweiß).

Deckfarben sollten nur mit wenig Wasser streichfähig gemacht werden, da sie sonst die Farben des Untergrundes anlösen.

Mit Wachsmalfarben oder Ölkreiden behandelte Flächen stoßen beim Übermalen die Farbe ab.
Die Motive bleiben gut sichtbar und weisen interessante Zufallsstrukturen auf (Batikeffekt).

Übungsaufgabe: Bunter Rahmen

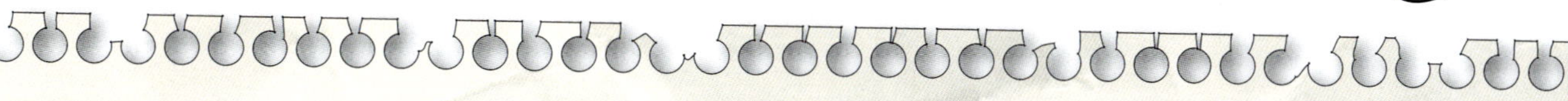

Material

weißes Zeichenpapier (DIN A3), schwarzes Tonpapier (DIN A3), Bleistift, Radiergummi, Lineal, Schere, Malkasten (Deckfarben), Deckweiß, Wassergefäß, Pinsel (Nr. 12), Bürohefter, Vorlage (Bunter Rahmen)

Anleitung

1. Farbstudie (Farbenrad)
Nimm weißes Zeichenpapier (DIN A3) und fertige daraus ein Quadrat, indem du eine Schmalseite auf die gegenüberliegende Längsseite klappst und die Kanten passgenau zur Deckung bringst. Es entsteht ein gleichseitiges Dreieck mit ca. 30 cm Seitenlänge. Schneide den entstandenen Reststreifen ab. Klappe die Fläche auseinander und beginne, sie zu bemalen. Wasche den Pinsel zwischen den einzelnen Malvorgängen gut aus und wechsel öfter das Wasser.
Wähle eine beliebige Farbe und beginne, in der Mitte mit einem breiteren Pinsel (z. B. Nr. 12) eine farbige Kreisfläche anzulegen. Versuche, möglichst **deckend** mit wenig Wassereinsatz zu malen.
Wähle eine kontrastierende Farbe und verdünne sie stark mit Wasser. Gestalte weitere konzentrische Kreise um diesen Mittelpunkt herum (**Lasieren**).
Male eine weitere Kreislinie in deckendem Farbauftrag.
Befeuchte als Nächstes die Randzonen mit klarem Wasser und lass kräftige Farbspuren darin **nass in nass** verlaufen.
Übermale nun einige Stellen punktuell mit Deckweiß und setze nochmals pastose Spuren.
Lass das bemalte Quadrat gut trocknen.

2. Rahmen:
Fertige aus schwarzem Tonpapier (DIN A3) eine zweite quadratische Fläche nach der oben beschriebene Methode und klebe sie auf die Rückseite der Farbstudie. Achte darauf, dass alle Ränder des doppellagigen Quadrats deckungsgleich aufeinanderliegen.
Lege durch Falten eine zweite Diagonale an (1).
Lege gegenüberliegende Seiten aufeinander, um ein Linienkreuz zu erhalten (2).
Knicke alle vier Ecken zum Mittelpunkt hin (3) und jede Ecke wieder in Richtung Rand zurück (4).
Öffne die Faltung wieder und lege ein Ziehharmonikafaltung an: Lege Faltkante 4 auf Faltkante 3.
Knicke das entstehende Dreieck wieder in Richtung Mittelpunkt (5) und dann die Spitze in Richtung Außenkante (6).
Klebe die vier gefalteten Rahmenteile aufeinander und fixiere die Ecken mit dem Bürohefter. Schneide kleine Quadrate aus schwarzem Tonpapier zu, um die Klammern zu überdecken.
Fertige aus Fotokarton eine Aufhängevorrichtung (z. B. Dreieck, Kreis mit Loch), die du auf die Rückseite des Bildes klebst oder tackerst.
Klebe das Bild, das gerahmt werden soll, in die Mitte der gerahmten Fläche.

Übungsaufgabe, Vorlage: Bunter Rahmen

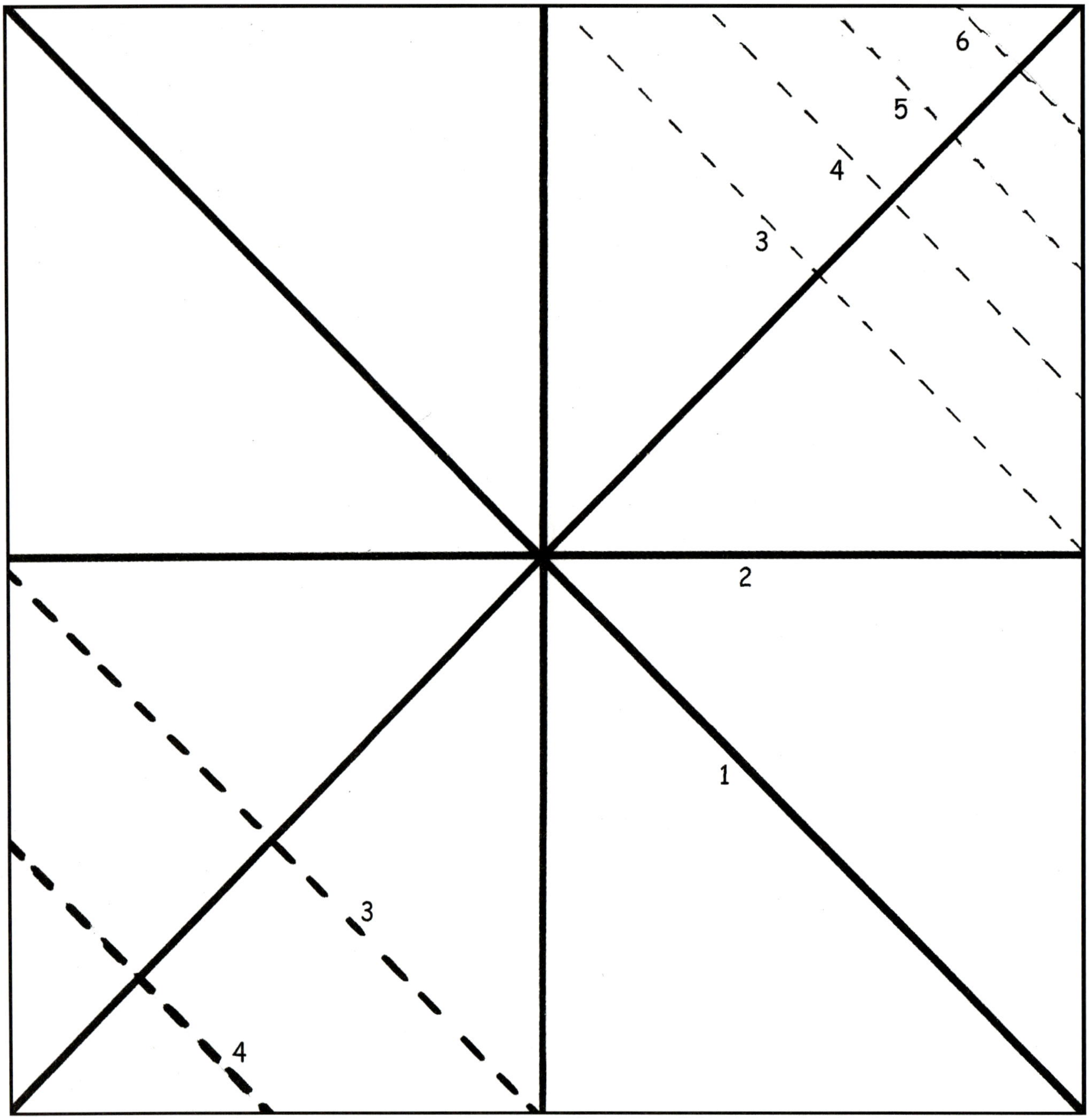

6
5
4
3
2
1
3
4

Projekt 1: Gut getarnt

Kurzbeschreibung

Die Schüler bemalen ein weißes DIN-A4-Blatt mit Farbflecken und -spuren. Dabei arbeiten sie mit deckendem Farbauftrag und Verlaufstechniken in beliebiger Reihenfolge und Farbstellung. Aus dieser Fläche schneiden sie ein Tiermotiv sowie Blattformen heraus und arrangieren die Teile in Collagetechnik auf Fotokarton.

Jahrgangsstufe

5–10

Zeitaufwand

4 Unterrichtsstunden

Lernziele

1. Die Schüler erproben spielerisch verschiedene Methoden des Farbauftrags mit dem Pinsel und kombinieren sie miteinander.
2. Sie gestalten aus zufällig entstandenen Farbspuren klare Bildmotive.
3. Sie verbinden unterschiedliche Gestaltungstechniken (Malerei/Collage).

Hinweise

1. Die Schüler sollten mehrere Techniken des Farbauftrags auf einem Blatt erproben.
   Es dürfen dabei auch einzelne Stellen unbearbeitet bleiben. Das Weiß des Papiers erscheint dann als zusätzliche „Farbe".
2. Die Umrisse des Tiermotivs werden mit Bleistift auf der Rückseite des Blattes entworfen.
3. Die Schüler sollten mit Wachsmalkreiden in einer dunklen Farbe die Ränder des Motivs akzentuieren. Am besten arbeiten sie dazu auf einer Lage Zeitungspapier.
4. Die Blattformen und Bodenformationen sollen ohne Vorzeichnung aus den farbigen Restflächen gestaltet werden.
5. Alle Teile werden erst nach einer Experimentierphase aufgeklebt.

Projekt 1: Gut getarnt

Material

weißes Zeichenpapier (DIN A4), Malkasten, Pinsel (Nr. 8/10), Wassergefäß, Vorlage (Gut getarnt), Bleistift, Radiergummi, Wachsmalkreiden, Schere, Klebestift, Fotokarton in kontrastierender Farbe (DIN A4), Zeitungspapier (zum Abdecken)

Anleitung

1. Fläche bemalen

Decke deinen Arbeitsplatz mit Zeitungen ab.
Lege ein weißes Zeichenblatt (DIN A4) bereit, das du anschließend in verschiedenen Techniken bemalst (deckend und verlaufend):
Male dabei mit beliebigen Farben aus dem Malkasten, die du mit mehr oder wenig Wasser verwendest.
Setze verschiedene Pinsel ein: z. B. Nr. 8 oder Nr. 10, spitze und breite Pinsel.
Male zunächst einen hellen Farbfleck (z. B. in Orange oder Gelb), den du in einen weiteren hineinlaufen lässt.
Setze Farbspuren (Punkte, kleine Striche) auf und neben die bemalten Flächen.
Bemale das gesamte Blatt und lasse es dann gut trocknen.

2. Tiermotive

Entwirf mit Bleistift auf der Rückseite des Blattes ein Tier, das sich in der Natur farblich gern der Umgebung anpasst und somit gut getarnt ist: Möglich wären hier u. a. Eidechse, Kröte, Vogel, Schlange etc.
Vorschläge dazu findest du auch auf der Vorlage.
Schneide das Motiv anschließend aus und lege es auf Zeitungspapier.
Fahre nun mit dunkler Wachsmalkreide (schwarz, grün, blau) die Konturen des Tierkörpers nach.
Es entstehen schmale Schattenzonen, die das Tier dreidimensional wirken lassen.
Zeichne mit Wachsmalkreiden Augen und eventuell noch einige zusätzliche Farbflecken auf.

3. Collagearbeit

Wähle Fotokarton (DIN A4) in einer Farbe, mit der du auch die Ausgangsfläche bemalt hast (z. B. Gelb).
Lege das Tiermotiv auf die Fläche und kontrolliere, ob sich die Umrisse gut abheben.
Schneide aus der restlichen Farbfläche Blattformen und verwende auch größere Teile als Hintergrund.
Richte dich beim Schneiden nach den Rändern zufällig entstandener Formen.
Bearbeite alle Ränder mit Wachskreiden (siehe oben).
Lege die Teile neben- und übereinander. Achte dabei darauf, dass die Umrisse des Tieres noch gut zu erkennen sind.
Klebe nun alle Teile mit Klebestift fest. Streiche sie dabei nur punktuell ein, sodass die Ränder noch ein wenig dreidimensional abstehen.

Projekt 1, Vorlage: Gut getarnt

Projekt 2: YES

Kurzbeschreibung

Die Schüler gestalten einen kurzen Schriftzug, indem sie eine in beliebigem Farbauftrag gestaltete Fläche deckend übermalen und die jeweiligen Buchstabenflächen aussparen.

Jahrgangsstufe

5–10

Zeitaufwand

4 Unterrichtsstunden

Lernziele

1. Die Schüler experimentieren mit dem Entstehen von Positiv- und Negativformen.
2. Sie wenden verschiedene Maltechniken in Kombination an.
3. Sie setzen sich mit den verschiedenen Funktionen von Schrift im Bild auseinander.

Hinweise

1. Farbauswahl: Die Schüler sollten den Hintergrund sehr bunt und mit vorwiegend helleren Farbtönen gestalten. Das Übermalen sollte mit dunkleren Farben, z. B. Blau, Rot, Grün, die sie mit Schwarz vermischen, erfolgen.
2. Gestaltungstechniken: Beim freien Bemalen des Hintergrundes können alle auf dem Informationsblatt vorgestellten Techniken in Kombination angewandt werden.
3. Es empfiehlt sich, die Buchstabenfolge entsprechend der Anleitung auf der Vorlage mit Bleistift vorzuzeichnen. Die Fläche der Buchstaben sollte einen möglichst großen Teil des Hintergrundes einnehmen.
4. Der Begriff „YES“ kann auch durch das jeweils entsprechende Wort in anderen Sprachen ersetzt werden (OUI, ANO, DA, SI …). Das Thema ist besonders für Klassen mit Schülern aus unterschiedlichen Herkunftsländern zu empfehlen.

Alternative: Die Schüler übermalen die Buchstabenflächen, der bunte Hintergrund bleibt erhalten.

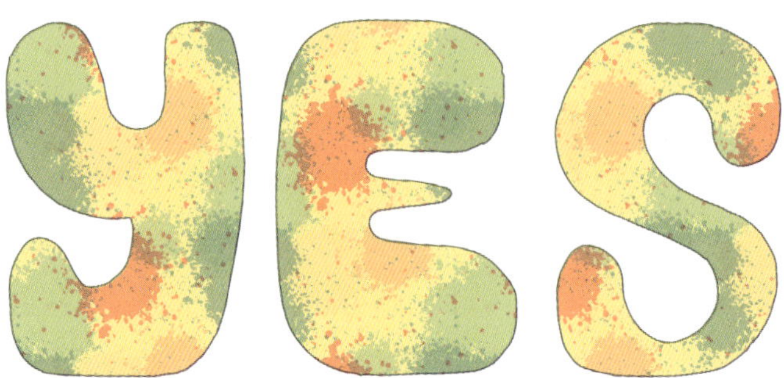

Projekt 2: YES

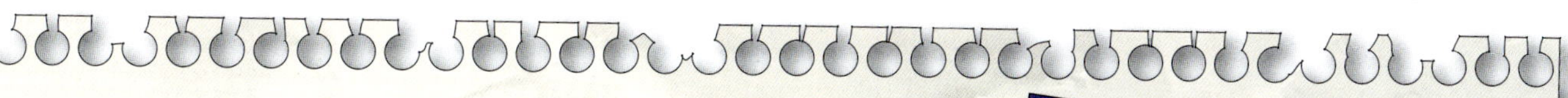

Material

weißes Zeichenpapier (DIN A4), Malkasten, Wassergefäß, spitzer Pinsel (z. B. Nr. 6/8), Bleistift, Radiergummi, Lineal, Vorlage (YES), Skizzenpapier (DIN A4), Zeitungspapier (zum Abdecken)

Anleitung

1. Hintergrund bemalen
Decke deinen Arbeitsplatz mit Zeitungen ab.
Wähle beliebige, möglichst helle Farben und bemale mit dem Pinsel die gesamte Blattfläche in verschiedenen Techniken: deckend, lavierend, nass-in-nass
Lass das Blatt gut trocknen.

2. Buchstaben
Entwirf in der Zwischenzeit als Vorübung auf einem Skizzenblatt (DIN A4) mit Bleistift eine Buchstabenfolge.
Entscheide, ob du das englische „Yes“, das deutsche „Ja“ oder den entsprechenden Begriff in einer anderen Sprache gestalten willst.

Tipp: Informiere dich bei Mitschülern aus anderen Herkunftsländern.

Gehe in folgenden Schritten vor:
Nimm das Blatt waagerecht und zeichne mit Bleistift und Lineal ringsherum einen schmalen Rand (ca. 1,5 cm breit) (1).
Teile die restliche Fläche, je nach Anzahl der Buchstaben, in zwei oder drei gleiche Flächen ein.
Wo die Flächen aneinanderstoßen, reservierst du nochmals schmale Zwischenräume (ca. 1–1,5 cm breit) (2).
Zeichne nun die einzelnen Buchstaben so in die entstandenen Rechtecke, dass sie möglichst viel von der Fläche einnehmen (3).
Übertrage deinen Entwurf anschließend auf den bemalten Hintergrund. Drücke dabei mit dem Bleistift nur ganz leicht auf, damit sich die Hilfslinien wieder gut wegradieren lassen.

3. Übermalen
Wähle eine dunkle, deckende Farbe, z. B. Dunkelblau, und beginne, mit wenig Wasser von einer Ecke aus den Hintergrund um die Buchstabenflächen herum zu bemalen. Mische die Farbe ab und zu mit Schwarz oder z. B. Rot.
Führe den Pinsel sorgfältig an den vorgezeichneten Linien entlang, bevor du größere Flächen ausmalst. An manchen Stellen können die Farben des Hintergrundes noch leicht durchscheinen. Pinselspuren dürfen auch noch sichtbar bleiben.
Achte darauf, dass sich die hellen Flächen (Positivformen) gut vom Hintergrund mit seinen Negativformen abheben.
Wenn du manche Stellen nochmals übermalen willst, feuchte diese Flächen vorher mit dem Pinsel etwas an, damit keine Ränder entstehen.

Projekt 2, Vorlage: YES

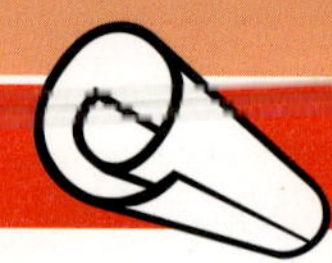

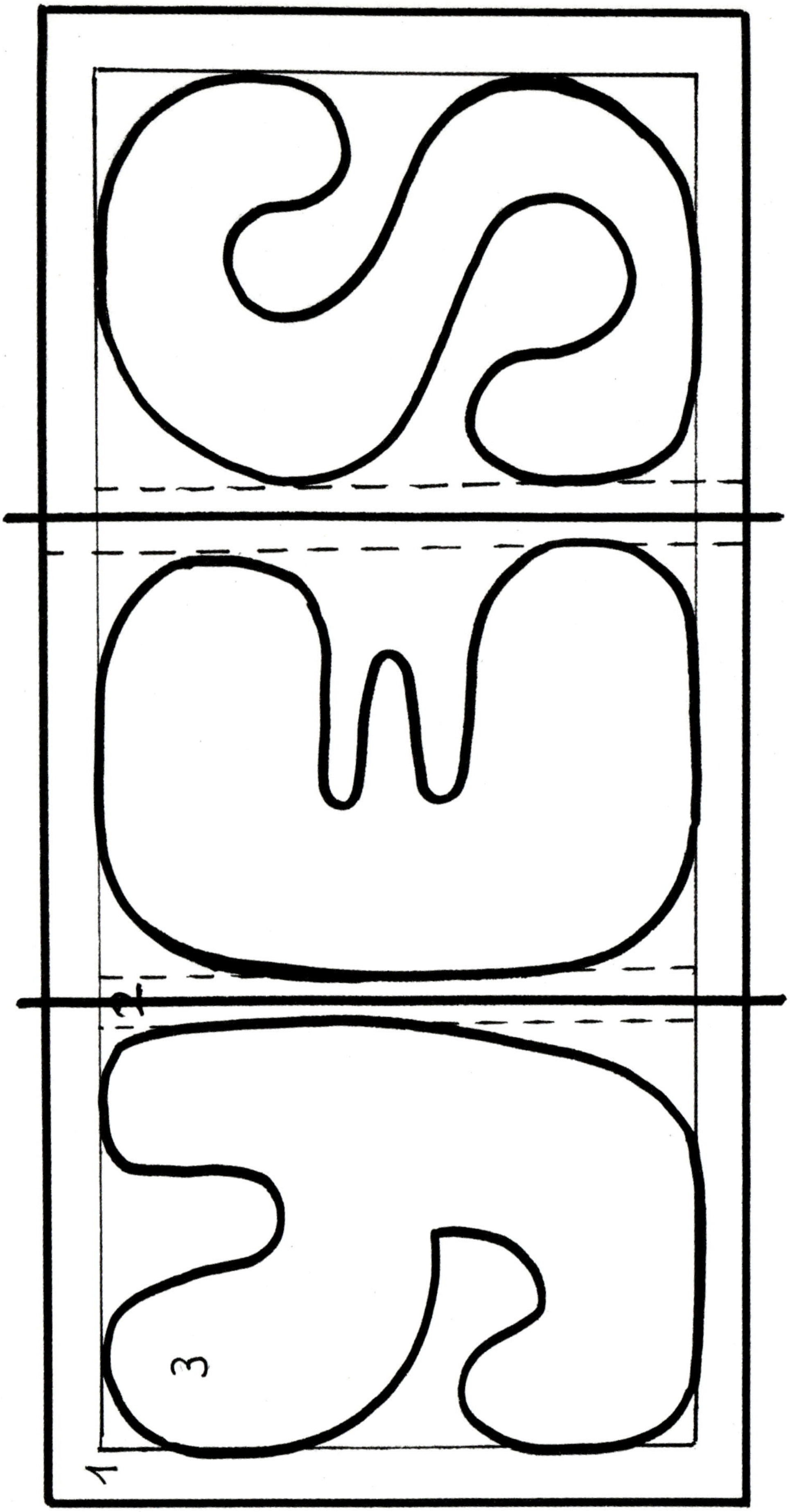

Projekt 3: Schwarze Lady

Kurzbeschreibung

Die Schüler entwerfen mit einfachen Linien einen Frauenkopf auf schwarzem Tonpapier. Sie bearbeiten die entstandenen Flächen in deckender Malweise und betonen zum Schluss Umrisse und Rahmen mit einem goldfarbenen Stift.

Jahrgangsstufe

7–10

Zeitaufwand

4 Unterrichtsstunden

Lernziele

1. Die Schüler erproben den deckenden Farbauftrag mit dem Pinsel auf dunklem Grund.
2. Sie bauen ein lineares Porträt aus geschlossenen Formen auf.
3. Sie entwickeln einen passenden Rahmen zur Steigerung der Bildwirkung.

Hinweise

1. Die Schüler beginnen mit dem Einzeichnen eines Rahmens, der später als Teil des Bildes gestaltet wird. Um das Ausmessen zu erleichtern, kann die Breite eines Lineals als Schablone eingesetzt werden.
2. Sie zeichnen anschließend in die Mitte der Fläche ein Porträt aus einfachen Linien und Formen. Weisen sie auf die Vorschläge auf der Vorlage hin, die auch in veränderter Form übernommen werden können. Es ist auch möglich, das Porträt so anzulegen, dass Teile von den Rändern abgeschnitten werden (Objektanschnitt).
3. Alle Teilformen sollten eine geschlossene Umrisslinie aufweisen, damit sich die Farbflächen deutlich abgrenzen lassen.
4. Die Arbeit kann mit den Farben des Schulmalkastens ausgeführt werden, die allerdings nur mit wenig Wasser vermischt werden dürfen. Es empfiehlt sich, die Flächen mit den gewählten Farben mehrmals zu übermalen, um größere Deckkraft auf dem dunklen Untergrund zu erreichen.
5. Die Entwurfslinien sowie die Ornamente auf der Rahmenfläche sollten mit einem goldfarbenen Stift angelegt werden, den man jedoch auch durch einen weißen Malstift ersetzen kann.

Projekt 3: Schwarze Lady

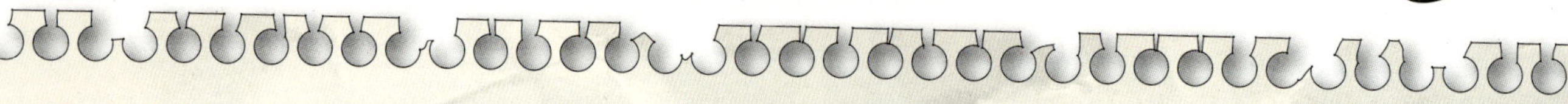

Material

schwarzes Tonpapier (DIN A4), Lineal, Bleistift, Radiergummi, Vorlage (Schwarze Lady), goldfarbener oder weißer Malstift, Malkasten, Pinsel (Nr. 3, 6), Wassergefäß

Anleitung

1. Entwurfsskizze

Du arbeitest auf schwarzem Tonpapier (DIN A4), das zunächst einen Rahmen bekommt: Nimm dazu ein Lineal und grenze mit Bleistift mit der Linealbreite als Schablone ringsum eine Rahmenfläche ab.
Entwirf nun in der Mitte das Porträt einer Frau (siehe Zeichenhilfe auf der Vorlage).
Konstruiere das Gesicht aus einfachen Formen, z. B. Rechteck, Oval. Teile des Gesichts können auch vom Rand abgeschnitten werden.
Zeichne große Augen- und Mundformen, die sich mit dem Pinsel gut ausmalen lassen.
Zerlege die Haare in einzelne Flächen (Strähnen).
Achte darauf, dass der Kopf möglichst viel von der Bildfläche einnimmt.
Ziehe zum Schluss alle Umrisslinien, die erhalten werden sollen, mit einem goldfarbenen Stift nach. Alternativ kannst du einen weißen Malstift verwenden.
Ziehe auch die innere Begrenzung des Rahmens sehr kräftig und mehrmals nach.

2. Deckendes Malen

Beginne die Malarbeit zuerst mit hellen Farben: Gelb, Orange, Hellgrün.
Nimm mit dem Pinsel viel Farbe auf, die du nur mit wenig Wasser mischst. Verwende für größere Flächen einen Pinsel Nr. 6, für kleinere Details einen Pinsel Nr. 3.
Du kannst die Farben auch mit ein wenig Deckweiß mischen.
Male jede der Gesichtsflächen exakt aus, versuche aber, die Begrenzungslinien nicht zu berühren oder zu übermalen.
Lass die Farbe etwas antrocknen, um ihre Deckkraft zu prüfen, und lege eventuell noch eine zweite Farbschicht darüber.
Wähle für nebeneinanderliegende Flächen immer eine neue Farbe.
Der Hintergrund und kleinere Flächen können auch unbearbeitet bleiben und erscheinen dann schwarz.
Lass das Bild gut trocknen und ziehe die Trennungslinien nochmals kräftig mit dem Stift nach.

3. Rahmengestaltung

Zeichne mit einem goldfarbenen Stift oder einem weißen Malstift in die Rahmenfläche ein abstraktes Muster: Dreiecke, Kreise, Zickzacklinien, Spiralen. Verwende dazu, falls nötig, ein Lineal.

Projekt 3, Vorlage: Schwarze Lady

Zufallsverfahren – Informationen

Das Malen mit Zufallsverfahren, auch aleatorische Verfahren genannt, beginnt mit Farbexperimenten, bei denen man noch nicht voraussagen kann, wie das Endergebnis aussehen wird. Durch Weitermalen und Ausdeuten entwickelt sich daraus im Fortgang eine schlüssige Bildidee.

Abklatschtechnik (Décalcomanie)

Zwei Papierflächen, von denen eine mit Farbklecksen versehen wurde, werden aufeinander gelegt. Durch Verreiben mit der Hand entstehen zwei identische Abdrücke, die nach dem Abziehen auf beiden Papierflächen erscheinen.

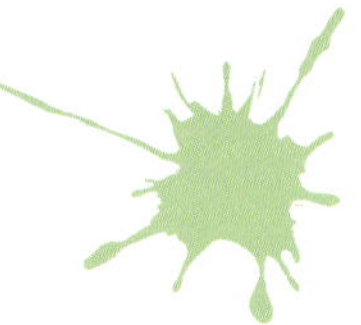

Experimente mit Salz

In eine feuchte Farbfläche wird Salz gestreut, das Farbe aufsaugt und kristalline Strukturen („Ausblühungen“) entstehen lässt. Das überschüssige Salz wird zum Schluss abgeklopft.

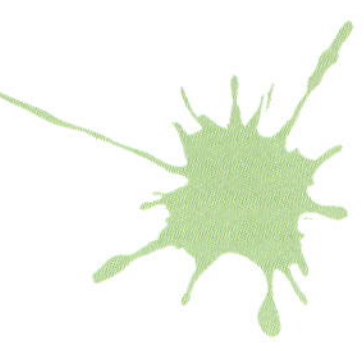

Experimente mit Spülmittel

Im Deckel des Malkastens wird Farbe mit wenig Wasser und einigen Tropfen flüssigen Spülmittels vermischt. Es entsteht eine dickflüssige Masse, die mit dem Pinsel aufgetragen wird. Pinselstriche und Schlieren bleiben auch nach dem Trocknen gut sichtbar.

Übungsaufgabe: Blumenstrauß

Material

für jede Technik zwei Blatt weißes Zeichenpapier oder Tonpapier in hellen Farben für jeweils zwei Versuche (DIN A4), Acrylfarben, Malkasten, Wassergefäß, Pinsel (Nr. 12–16), Haushaltssalz, flüssiges Spülmittel (farblos), Becher (z. B. Joghurtbecher), Zeitungen zum Abdecken und Trocknen, Schere, Klebestift, Fotokarton (DIN A4) in einer kräftigen Farbe (z. B. Rot) als Bildträger

Anleitung

1. Farbstudien mit Zufallsverfahren:

a) Abklatschtechnik:
Falte ein Papier in DIN A4 mittig an der langen Seite und klappe es wieder auseinander. Setze nun mit einem Pinsel in die Mitte der einen Hälfte nebeneinander zwei bis drei kräftige Farbkleckse. Verwende dazu Farben aus dem Malkasten oder Acrylfarben aus der Tube. Klappe das Papier erneut zusammen und reibe mit dem Handballen darüber. Falte den Papierbogen anschließend ruckartig auseinander.

b) Farbe und Salz:
Befeuchte ein weiteres Papier mit dem Pinsel mit klarem Wasser. Nimm eine beliebige Farbe aus dem Malkasten auf und und male mit ihr in die feuchte Fläche hinein. Wiederhole den Vorgang, um hellere und dunklere Stellen zu erzeugen. Streue auf einige der noch feuchten Stellen einige Prisen Haushaltssalz. Die Farbe wird aufgesaugt und es bilden sich kristalline Muster. Klopfe abschließend überschüssige Salzkristalle ab.

c) Farbe und Spülmittel:
Gieße etwas Spülmittel in einen Becher (z. B. Joghurtbecher). Nimm mit einem dickeren Pinsel Farbe auf und tauche ihn zusätzlich in die Spülmittelflüssigkeit. Male mit der dickflüssigen Masse Wellen oder Spiralen auf ein Blatt. Wiederhole dies mit weiteren Farben. Füge eventuell noch etwas Wasser hinzu, so bilden sich kleine Bläschen. Die Pinselspuren sollen aber noch sichtbar bleiben.

Lasse anschließend alle Blätter mit den Farbstudien gut durchtrocknen.

2. Collagearbeit:

a) Schneiden:
Betrachte die Blätter mit den Zufallsstrukturen. Wähle eine farblich besonders passende Stelle für deine Blumenvase aus. Schneide hierzu eine einfache Form aus und lege sie auf den farbigen Fotokarton (DIN A4). Suche nun unter den zufällig entstandenen Strukturen diejenigen aus, die dich an Blätter oder Blüten erinnern. Schneide sie möglichst entlang der vorhandenen Malspuren aus.
Versuche, Teile aus allen Techniken und in unterschiedlichen Farben zu kombinieren.
Ordne sie anschließend zusammen mit der Blumenvase auf dem Fotokarton hinter- und nebeneinander an, sodass ein Blumenstrauß entsteht.

b) Kleben:
Wenn dir deine Anordnung gefällt, dann klebe die einzelnen Teile nacheinander auf. Beginne dabei mit dem am weitesten hinten liegenden Teil. Hebe es dazu vorsichtig nur an einer Ecke hoch, sodass die anderen Teile nicht verrutschen und streiche das Collageteil mittig mit etwas Klebestift ein. Drücke es an, lass aber die Enden lose abstehen. Verfahre nun ebenso mit allen weiteren Teilen. Zum Schluss kannst du noch einige allzu lose Enden ankleben.

Tipp: Bewahre die übrig gebliebenen Papierreste mit Zufallsstrukturen für weitere Collagearbeiten auf.

Projekt 1: Felder vor der Stadt

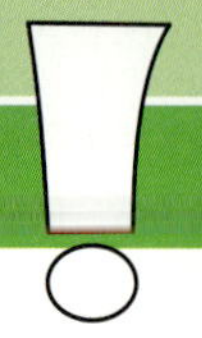

Kurzbeschreibung

Die Schüler gestalten farbige Flächen, indem sie Tonpapier in verschiedenen Farben mit dem Pinsel sowie mithilfe von Zufallstechniken bearbeiten. Anschließend zerschneiden sie diese Flächen und ordnen sie vor einer Stadtsilhouette perspektivisch zu einer Landschaft mit Feldern an.

Jahrgangsstufe

5–10

Zeitaufwand

4 Unterrichtsstunden

Lernziele

1. Die Schüler lernen Malerei auf farbigem Untergrund mithilfe aleatorischer Verfahren kennen.
2. Sie kombinieren Malerei und Collagetechnik, indem sie gestaltete Flächen zerschneiden und zu einer schlüssigen Bildidee zusammensetzen.

Hinweise

1. Besprechen Sie mit den Schülern als Einstieg, welche Farben (neben Weiß) für eine Landschaft mit Feldern, Wiesen und Bäumen gewählt werden sollten (z. B. Braun, Grün, Blau, Ocker, Violett). Stellen Sie für die Arbeit Tonpapier und weißes Papier (DIN A4) in ausreichender Menge bereit.
2. Weisen Sie darauf hin, dass der farbige Untergrund mit klar unterscheidbaren Farben aus dem Malkasten und breitem Pinsel bearbeitet werden soll und dass die Farben auf dem Tonpapier gedämpft erscheinen.
3. Die Schüler bearbeiten die Ausgangsflächen entsprechend den Hinweisen auf dem Schülerblatt (Experimente mit Salz und Spülmittel). Es empfiehlt sich, dass der Lehrer das Verfahren kurz an einem Demonstrationstisch an einigen Beispielen zeigt.
4. Lassen Sie die Schüler vier bis fünf verschiedene Farbexperimente machen, bei denen jeweils ein Zufallsverfahren zur weiteren Strukturierung der Fläche dient. Regen Sie auch an, dass die Schüler die auf diese Weise gestalteten Papiere untereinander austauschen.
5. Achten Sie darauf, dass die Schüler die Flächen in verschiedenen Ebenen anordnen und vor dem Aufkleben mit der Lage der Teile experimentieren.
6. Die Flächen der Felder werden so angeordnet, dass sie im Vordergrund über den Bildrand hinausragen und perspektivisch auf die Stadtsilhouette im Hintergrund zulaufen.

Projekt 1: Felder vor der Stadt

Material

weißes Zeichenpapier (DIN A4), farbiges Tonpapier (DIN A4), breiter Pinsel (z. B. Nr. 12), Wassergefäß, Malkasten, Haushaltssalz, flüssiges Spülmittel (farblos), Joghurtbecher, Zeitungen als Unterlage, Schere, Klebestift, (eventuell Bleistift, Radiergummi)

Anleitung

1. Papiere mit Zufallsverfahren bearbeiten:

Decke deinen Arbeitsplatz gut mit Zeitungen ab.
Stelle ein Wassergefäß bereit und benetze mit einem breiten Pinsel (z. B. Nr. 12) alle Farbnäpfchen, die anschließend zum Einsatz kommen sollen.
Du kannst dabei auch ungewöhnliche Farben wie Violett oder Rot für die Felder verwenden und Akzente mit Deckweiß setzen.
Lege eine Auswahl von (vier bis fünf) Papieren (DIN-A4-Format) bereit: weißes Zeichenpapier, Tonpapier in Grün, Blau, Gelb, Orange, Ocker, Braun …

a) Experimente mit Salz

Nimm ein beliebiges Blatt und feuchte es mit dem Pinsel und klarem Wasser in breiten Strichen an. Nimm dann eine beliebige Farbe aus dem Malkasten auf und beginne, in wellenförmigen oder parallelen Strichen die Fläche zu bemalen. Die Farbe verläuft auf dem Untergrund. Lass neue Farbe nachtropfen. Verwende eventuell eine zweite Farbe.
Streue nun, solange die Fläche noch gut feucht ist, an einigen Stellen etwas Haushaltssalz auf.
Es bilden sich kristalline Strukturen, die Farbe wird „aufgesaugt".
Lege das Blatt beiseite und lass es auf Zeitungspapier gut trocknen, bevor du das überschüssige Salz abstreifst.

b) Experimente mit Spülmittel

Gieße etwas flüssiges Spülmittel in einen Becher (z. B. Joghurtbecher).
Befeuchte ein weiteres DIN-A4-Blatt wiederum mit einem Pinsel und klarem Wasser. Tauche nun den Pinsel nacheinander in Wasser, Spülmittel und Farbe und bemale die Fläche in kreisenden Bewegungen. Es sollten sich kleine Bläschen bilden und die Pinselspuren noch etwas sichtbar bleiben.
Lass auch dieses Blatt gut trocknen, bevor du es weiterverwendest.

2. Collagearbeit

a) Hintergrund und Stadt

Betrachte deine bearbeiteten Ausgangsflächen und wähle eine Fläche in einer hellen Farbe für eine Hügelkette im Hintergrund aus.
Schneide entlang einer Längsseite einen ca. 10 cm breiten Streifen ab, dessen gewellte Oberkante Hügelkette andeutet.
Folge beim Schneiden den vorgegeben Pinselspuren.
Nimm weißes Zeichenpapier (DIN A4) waagerecht und klebe den Streifen ca. 5 cm vom oberen Blattrand entfernt auf.
Schneide aus farbigem Papier eine Kreisform (Sonne/Mond) und zwei schmale Streifen als Wolken aus und klebe sie über die Horizontlinie.

Projekt 1: Felder vor der Stadt

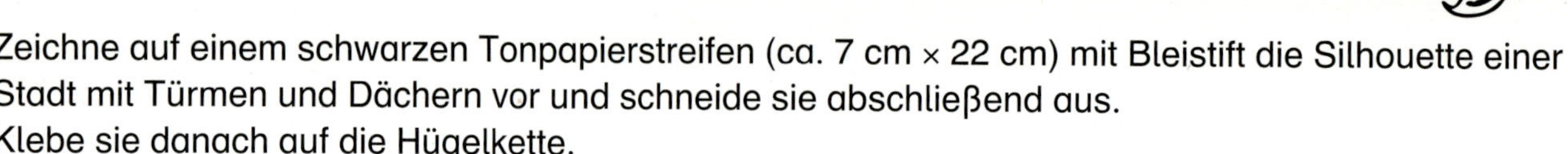

Zeichne auf einem schwarzen Tonpapierstreifen (ca. 7 cm × 22 cm) mit Bleistift die Silhouette einer Stadt mit Türmen und Dächern vor und schneide sie abschließend aus.
Klebe sie danach auf die Hügelkette.

b) Felder:
Schneide aus den bearbeiteten Papierflächen längliche Streifen und Rechtecke mit unregelmäßigen Rändern in unterschiedlicher Länge (ca. 20 cm) aus.
Lege sie neben- und übereinander auf die untere Bildfläche, bis diese ganz bedeckt ist.
Achte darauf, dass die Flächen der Felder perspektivisch auf die Stadtsilhouette zulaufen und seitlich und unten über die Ränder des Hintergrundes hinausragen.
Experimentiere mit der Lage der Teile, bevor du sie aufklebst.
Gib den unteren Rändern zuletzt eine geschwungene Form.

Tipp: Beschwere deine fertige Collage mit Büchern, bis der Kleber getrocknet ist.

Projekt 2: Wasserfall

Kurzbeschreibung

Die Schüler malen mit blauen Farbtönen und unter Einbeziehung von mit Salz erzeugten Zufallseffekten einen Wasserfall, der seitlich von Felsformationen begrenzt wird.

Jahrgangsstufe

8–10

Zeitaufwand

4 Unterrichtsstunden

Lernziele

1. Die Schüler erproben die malerische Darstellung von Wasser und Bewegung, indem sie Farbe, Pinselführung und Zufallseffekte kombinieren.
2. Sie gestalten Landschaftsformationen in deckender Malweise und setzen zum Schluss mit Wachsmalkreide Akzente.

Hinweise

1. Achten Sie darauf, dass die Schüler das Blatt (DIN A4) senkrecht bearbeiten und die Horizontlinie sehr hoch ansetzen.
2. Sie legen die seitlichen Begrenzungen für die Wasserfläche als Erstes an (1).
3. Besprechen Sie anhand der Vorlage die Art der Pinselführung. Alle Pinselspuren beginnen am oberen Rand des Wasserfalls (2) und werden ohne Unterbrechung bis zum unteren Rand weitergeführt.
4. Wichtig ist, dass zwischen den einzelnen Farblinien das Weiß des Untergrundes noch zu sehen ist.
5. Es empfiehlt sich, die infrage kommenden Farbnäpfchen vorab mit Wasser zu benetzen, damit die Farbe rasch und mit viel Wasser aufgenommen werden kann.
6. Die Schüler streuen nur punktuell und in sehr feuchte Flächen etwas Haushaltssalz.
7. Das Blatt muss gut durchtrocknen, bevor die seitlichen Felsformation aus nebeneinandergesetzten, pastosen Farbflecken aufgebaut werden können.
8. Zum Schluss werden die Ränder einzelner Felsen und Steine mit schwarzer Wachsmalkreide hervorgehoben.

   Tipp: Empfehlen Sie den Schülern, vor allem bezüglich des Wasserfalls mehrere Versuche zu machen.

Projekt 2: Wasserfall

Material

weißes Zeichenpapier (DIN A4), Bleistift, Radiergummi, Malkasten, Wassergefäß, Pinsel (Nr. 12), Haushaltssalz, schwarze Wachsmalkreide, Vorlage (Wasserfall)

Anleitung

1. Blatteinteilung

Orientiere dich an den Arbeitsschritten (1–3) auf der Vorlage:
Lege ein weißes Zeichenpapier in DIN A4 senkrecht bereit und skizziere mit Bleistift an den Längsseiten die Umrisse von zwei Felswänden, in deren Mitte später ein Wasserfall platziert werden soll (1).
Lege die Kante, über die das Wasser herunterstürzt, sehr hoch, etwa 6 cm vom oberen Blattrand entfernt, mit dem Lineal fest (2).
Deute darüber weitere, im Hintergrund liegende Berggipfel an (3).

2. Wasserfall malen

Benetze alle Farbnäpfchen, die du zur Darstellung des Wassers benötigst, mithilfe eines Pinsels mit klarem Wasser (Blau- und Grüntöne). Da du beim Gestalten des Wasserfalls sehr schnell arbeiten musst, kannst du so beim anschließenden Malvorgang schneller Farbe aufnehmen.
Tauche nun einen breiten Pinsel (z. B. Nr. 12) in Wasser und dann in blaue Farbe und beginne, schwungvoll in wellenförmigen Bewegungen eine Pinselspur von der Kante des Wasserfalls bis zum unteren Blattrand anzulegen. Unterbrich diesen Vorgang möglichst nicht. Lass den Pinsel, der zum Ende hin nur noch wenig Farbe abgibt, sanft „auslaufen" (4).
Setze zu einer neuen Farbspur an, aber lass zur ersten Wasserspur hin das Weiß des Blattes als Zwischenraum stehen. Versuche, den Pinsel in anderen Windungen nach unten zu führen. Verwende eventuell auch eine andere Farbabstufung.
Denke beim Malen immer an die Fließrichtung des Wassers und auch an kleine Hindernisse, die sich ihm in den Weg stellen können (Pfeile auf der Vorlage).
Schaffe abschließend mit viel Wasser und wenig Farbe Verbindungen zwischen den ersten beiden Farbspuren, bevor sie zu sehr antrocknen.
Wiederhole diese Schritte, bis eine bewegte Wasserfläche mit einigen weißen Zwischenräumen entstanden ist.

> *Tipp:* Lass die Spuren am unteren Bildrand in Wirbeln enden und reserviere dort kleine weiße Stellen für Steine und Felsbrocken.
> Streue in einige feuchte Stellen Haushaltssalz, um mit den entstehenden Strukturen Gischt und Wassertropfen anzudeuten.

Befeuchte einige Stellen erneut und lass nochmals Farbe einfließen, um Schattenzonen zu erzeugen.
Da die Farbfläche gut trocknen muss, kannst du auf weiteren Blättern zusätzliche alternative Wasserfälle erstellen.
Klopfe und streife zum Schluss überschüssiges Salz von der trockenen Fläche.

Projekt 2: Wasserfall

3. Landschaftsformationen:

Benetze zur weiteren Arbeit Näpfchen in „Erdfarben“ wie Braun, Ocker, Gelb, Grün oder Schwarz. Nimm mit einem Pinsel (Nr.12) viel Farbe und wenig Wasser auf und baue die seitlichen Felsformationen aus pastosen Farbflecken auf. Das bedeutet, dass du Farbspuren in verschiedener Ausformung und Größe nebeneinandersetzt und eventuell deren Ränder miteinander vermalst. Male keine Umrisse, sondern fülle die Flächen mit unterschiedlichen Farben und Formen (5).
Setze auch ab und zu eine zweite Farbschicht auf die erste Bemalung.
Arbeite Steine und Felsbrocken am unteren Bildrand mit wenigen Pinselstrichen aus.
Male die Landschaft im Hintergrund mit viel Wasser in hellem Grau oder Ocker. Verzichte auch hier auf Umrisse und baue die Formen aus Farbschichten auf.
Lass das Bild anschließend gut trocknen, bevor du einzelne Felsformen, Moosflächen, Bruchkanten, Risse im Gestein etc. mit schwarzer Wachsmalkreide deutlich hervorhebst.
Betone jetzt auch die Umrisse der Felswände, damit sie sich deutlich vom Blau des Wasserfalls abheben.

> *Tipp:* Wenn du möchtest, kannst du auch mit grauem Malwasser in einigen parallelen Strichen den Himmel strukturieren.

Projekt 2, Vorlage: Wasserfall

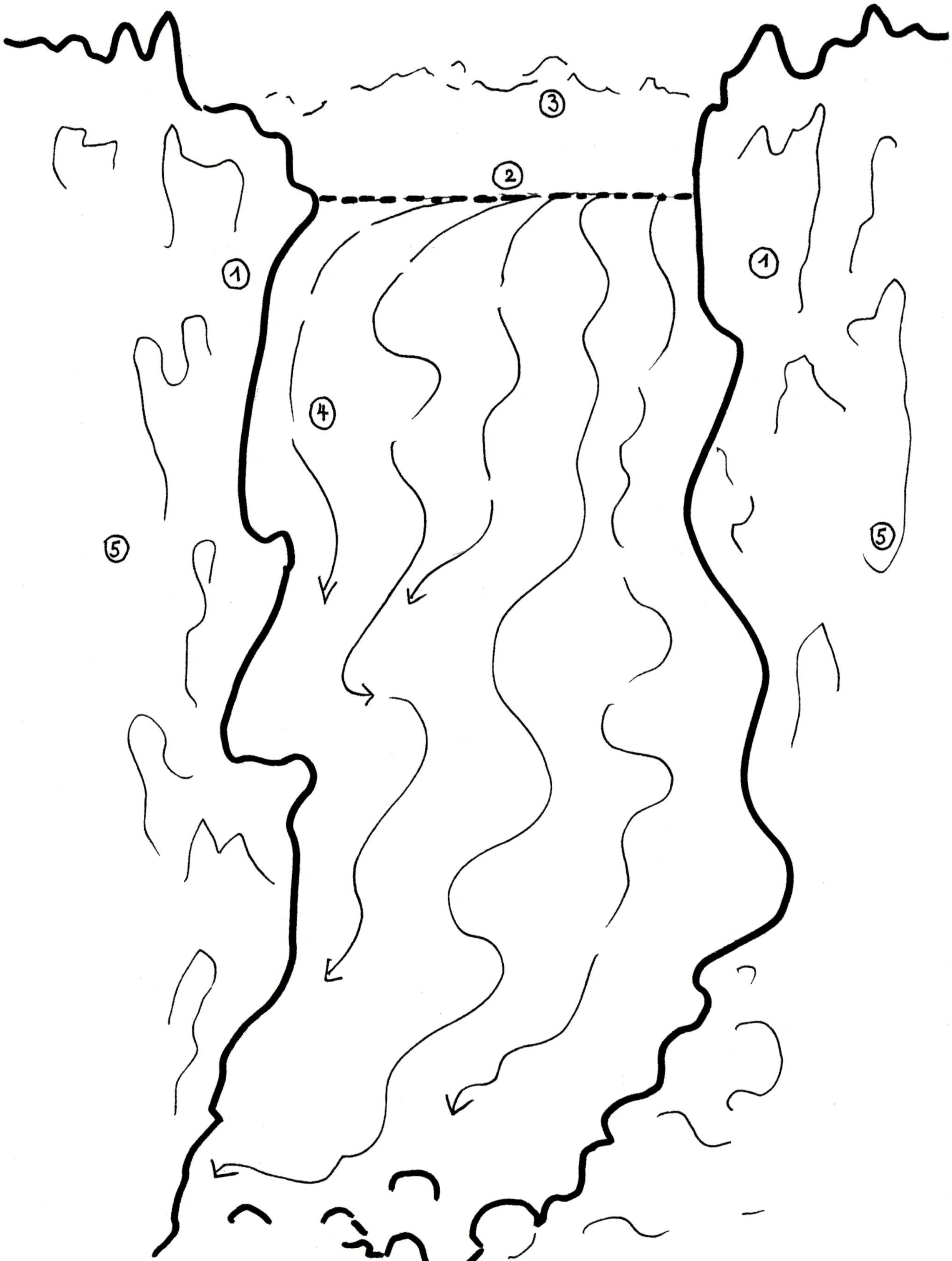

Projekt 3: Maske

Kurzbeschreibung

Die Schüler legen mithilfe des Abklatschverfahrens (Décalcomanie) auf einem weißen Hintergrund identische Farbfelder an, die aus pastos aufgetragenen Acrylfarben entstehen. Anschließend integrieren sie die zufällig entstandenen symmetrischen Strukturen in ein größeres Maskenmotiv, das sie mit Pinsel und Acrylfarben malerisch ausgestalten.

Jahrgangsstufe

5–10

Lernziele

1. Die Schüler lernen die Décalcomanie als Zufallsverfahren im Bereich „Drucken" kennen.
2. Sie benutzen die zufällig entstandenen Farbspuren als kreative Impulse zum Weitermalen.
3. Sie erproben deckendes und lasierendes Malen mit Acrylfarben in Kombination bei der Ausarbeitung eines Motivs.

Hinweise

1. Zeigen Sie, wenn möglich, Abbildungen von Masken aus Afrika und Ozeanien als Einstieg.
2. Demonstrieren Sie das Abklatschverfahren mit mehreren Farbklecksen.
2. Fordern Sie die Schüler auf, ihre Ideen zum Thema „Maske" bezüglich der Kleckse zu verbalisieren, d. h. sich zu äußern, als welche Teile die Farbspuren innerhalb des Bildes fungieren könnten. Zeigen Sie zur Anregung den Lösungsvorschlag kurz als Folie.
3. Achten Sie darauf, dass die Schüler zum Drucken Acrylfarbe verwenden, die unmittelbar aus der Tube auf das Blatt aufgebracht wird, um kräftige Farbmischungen zu erzeugen. Regen Sie auch an, dass die Schüler zu Beginn mehrere Versuche machen. Die Aufgabe kann alternativ auch mit Deckfarben aus dem Malkasten gelöst werden.
4. Weisen Sie darauf hin, dass die Maske ohne weitere Vorzeichnung unmittelbar mit dem Pinsel weitergestaltet wird.
5. Die Schüler beziehen außerdem das Weiß des Hintergrunds, der stellenweise nicht bemalt wird, in ihre Bildidee ein.

Projekt 3: Maske

Material

weißes Zeichenpapier (DIN A3), Acrylfarben (Tuben), Pinsel (Nr. 6, 12), Wassergefäß

Anleitung

1. Abklatschverfahren

Nimm einen Bogen Zeichenpapier in DIN A3 und falte diesen in der Mitte auf DIN-A4-Größe zusammen.
Klappe das Blatt auf und setze in einigem Abstand zueinander kleine Mengen von Acrylfarbe direkt aus der Tube in die Mitte einer der Blatthälften. Wähle dazu zwei bis drei verschiedene Farben aus.
Nimm mit einem Pinsel klares Wasser auf und befeuchte die unmittelbare Umgebung der Kleckse, ohne die Farben miteinander zu vermalen.
Klappe das Blatt zusammen und reibe mit dem Handballen über das gefaltete Blatt.
Ziehe die obere Blatthälfte mit einem Ruck von der unteren ab.
Lass die gedruckten Farbflächen anschließend gut trocknen.

> *Tipp:* Erstelle mehrere Blätter im oben beschriebenen Abklatschverfahren, so hast Du am Ende die Wahl, welches Blatt Du weiter gestalten möchtest.
> Du kannst auch nochmals Farbe auf eines der getrockneten Blätter aufbringen und das Blatt ein zweites Mal zusammenpressen, um die Farbmuster zu verändern und erweitern.

2. Eine Maske entsteht:

Betrachte deine Ergebnisse aus dem Abklatschverfahren und überlege, als welchen Teil des Maskengesichts du sie verwenden könntest, z. B. als Augen, Nasenflügel, Brauen, Ohren, Tattoo etc.
Verdünne nun Acrylfarbe mit ein wenig Wasser und beginne mit einem breiten Pinsel (Nr. 12), die Gesichtszüge darum herum zu ergänzen. Zeichne diese dabei nicht mit Bleistift vor, sondern setze deine Ideen gleich mit dem Pinsel um.
Die beiden Seiten des Gesichts können, müssen aber nicht, symmetrisch gestaltet werden. Beginne zuerst mit der Ausgestaltung von Nase, Augen und Mund. Du kannst dabei auch bestehende Formen umranden, um sie bewusst hervorzuheben.

> Tipps für die weitere kreative Bearbeitung:
> - Setze weitere Farbflächen daneben.
> - Verdünne die Farbe mit viel Wasser oder trage sie deckend auf.
> - Verwende verschiedene Farben.
> - Erfinde Muster.

Nutze für die Ausgestaltung deiner Maske die ganze Fläche des Zeichenblattes aus und lass zwischen den Farbflächen das Weiß des Hintergrundes in schmalen Zwischenräumen stehen. So vermeidest du, dass Farben unerwünscht ineinanderlaufen.

Projekt 1: Landschaft mit Ruderboot

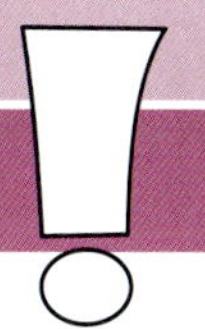

Kurzbeschreibung

Die Schüler kreieren mit Öl- und Wachsmalkreiden ein farbenfrohes Landschaftsszenario, das sie anschließend mit Wasserfarben übermalen. Zum Schluss gestalten sie aus schwarzem Tonpapier die Silhouette eines Ruderbootes, die in den Vordergrund geklebt wird.

Jahrgangsstufe

7–10

Zeitaufwand

4 Unterrichtsstunden

Lernziele

1. Die Schüler entwickeln aus Farbflächen heraus malerisch eine Bildidee.
2. Sie experimentieren mit unterschiedlichen Werkzeugen und ihren Möglichkeiten.
3. Sie arbeiten mit verschiedenen Gestaltungstechniken, indem sie Malen, Übermalen und Collagieren verbinden.
4. Sie beschäftigen sich mit dem Phänomen der Perspektive, indem sie vom Vordergrund zum Hintergrund abnehmende Größenverhältnisse einplanen.

Hinweise

1. Besprechen Sie als Einstieg die Landschaftsskizze auf der Vorlage und weisen Sie darauf hin, dass die Umrisse mit Bleistift als grobe Orientierung nur leicht angedeutet werden sollen, die Flächen selbst jedoch durch den breit angelegten Einsatz von Kreiden in wechselnden Farben entstehen.
2. Zum Übermalen verwenden die Schüler Farben aus dem Schulmalkasten, die sie stark mit Wasser verdünnen.
3. Ruderer und Boot entstehen durch drei sich überlagernde Ebenen aus schwarzem Tonpapier. Erläutern Sie auch hier wieder das Verfahren anhand der Skizze auf der Vorlage. Die abgebildeten Schablonen können in Originalgröße verwendet werden.

Projekt 1: Landschaft mit Ruderboot

Material

weißes Zeichenpapier (DIN A3), Öl- oder Wachsmalkreiden (nicht wasserlöslich), Bleistift, Radiergummi, Vorlage (Landschaft mit Ruderboot), Malkasten, Wassergefäß, Pinsel (Nr. 12), schwarzes Tonpapier (DIN A4), Schere, Klebestift

Anleitung

1. Landschaft am Wasser

a) Malen mit Farbkreiden

Nimm ein Blatt weißes Zeichenpapier (DIN A3) waagerecht und lege im unteren Drittel (ca. 10 cm vom unteren Blattrand entfernt) mit Bleistift und Lineal die Uferzone zwischen Wasser und Land fest.
Skizziere mit Bleistift grob die Umrisse für Berge im Hintergrund und Hügel mit Baumgruppen in der Mitte des Bildes vor (siehe Vorlage).
Wähle für die Bergketten im Hintergrund Blau-, Grau- und Rosatöne.
Setze anschließend mit der Farbkreide parallele Malspuren ganz eng aneinander und lass auf diese Weise kleine Flächen mit unregelmäßiger Begrenzung entstehen.
Lege Farbflächen übereinander und drücke dabei nicht zu sehr auf, um hellere Farbabstufungen zu erzielen.
Lass den Hintergrund stellenweise als weiße Fläche unbearbeitet stehen.
Ziehe die Konturen nur ganz leicht nach.
Wähle für die Landschaftsformationen sowie die Baumgruppen im Vordergrund kräftigere Farben, z. B. Braun, Rot, Grün, Violett und Spuren von Schwarz.
Drücke dabei kräftig auf und setze anschließend Akzente in Gelb, Orange und den Blautönen des Hintergrunds.
Fülle die vorgezeichneten Formen mit nebeneinanderliegenden Farbflächen.
Auch hier sollte der Hintergrund noch stellenweise zu sehen sein.
Betone die Schattenzonen der Uferlinie mit waagerechten schwarzen Strichen.
Bearbeite die Wasserfläche im Vordergrund mit leichten Schattierungen in Blau und Violett, um Spiegelungen anzudeuten.

b) Übermalen mit Wasserfarben

Nimm einen breiteren Pinsel (Nr. 12) und übermale einige der bereits gestalteten Stellen mit den jeweils entsprechenden Farben aus dem Malkasten, z. B. Blau für die Hügelketten, Grün für Vegetation.
Verdünne die Farben dabei mit viel Wasser.
Lass hierbei wiederum weiße Stellen im Bild, vor allem in der Wasserfläche.
Setze mit blauem Malwasser einige parallele Striche als Wolkenformationen in die Himmelsfläche.

2. Ruderer und Boot

a) Schablonen erstellen

Nimm einen Bogen schwarzes Tonpapier (DIN A4) und übertrage die Schablonen 1–3 für den Ruderer und das Boot mit Bleistift.
Du kannst beim Ruderer die Haltung des Kopfes und der Arme auch verändern.

Projekt 1: Landschaft mit Ruderboot

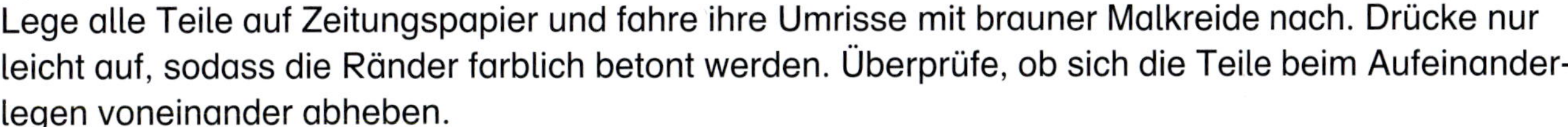

Lege alle Teile auf Zeitungspapier und fahre ihre Umrisse mit brauner Malkreide nach. Drücke nur leicht auf, sodass die Ränder farblich betont werden. Überprüfe, ob sich die Teile beim Aufeinanderlegen voneinander abheben.
Schneide für die Ruder zwei schmale Streifen von jeweils etwa 12 cm Länge zurecht und betone auch hier die Ränder mithilfe eines Lineals und brauner Malkreide.

b) Collagieren
Lege die Teile so übereinander auf das Landschaftsbild, dass das Boot von der Unterkante des Blattes aus in das Bild hineinragt. Auch die Ruder werden von der unteren Bildkante abgeschnitten. Experimentiere mit der Anordnung der Collageteile und markiere zum Schluss mit Bleistift ihre Lage. Klebe alle Teile in der folgenden Reihenfolge auf: Boot – Ruder – Unterkörper des Ruderers – Oberkörper und Kopf.

Landschaft mit Ruderboot
Phase 1

Landschaft mit Ruderboot
Phase 2

Projekt 1, Vorlage: Landschaft mit Ruderboot

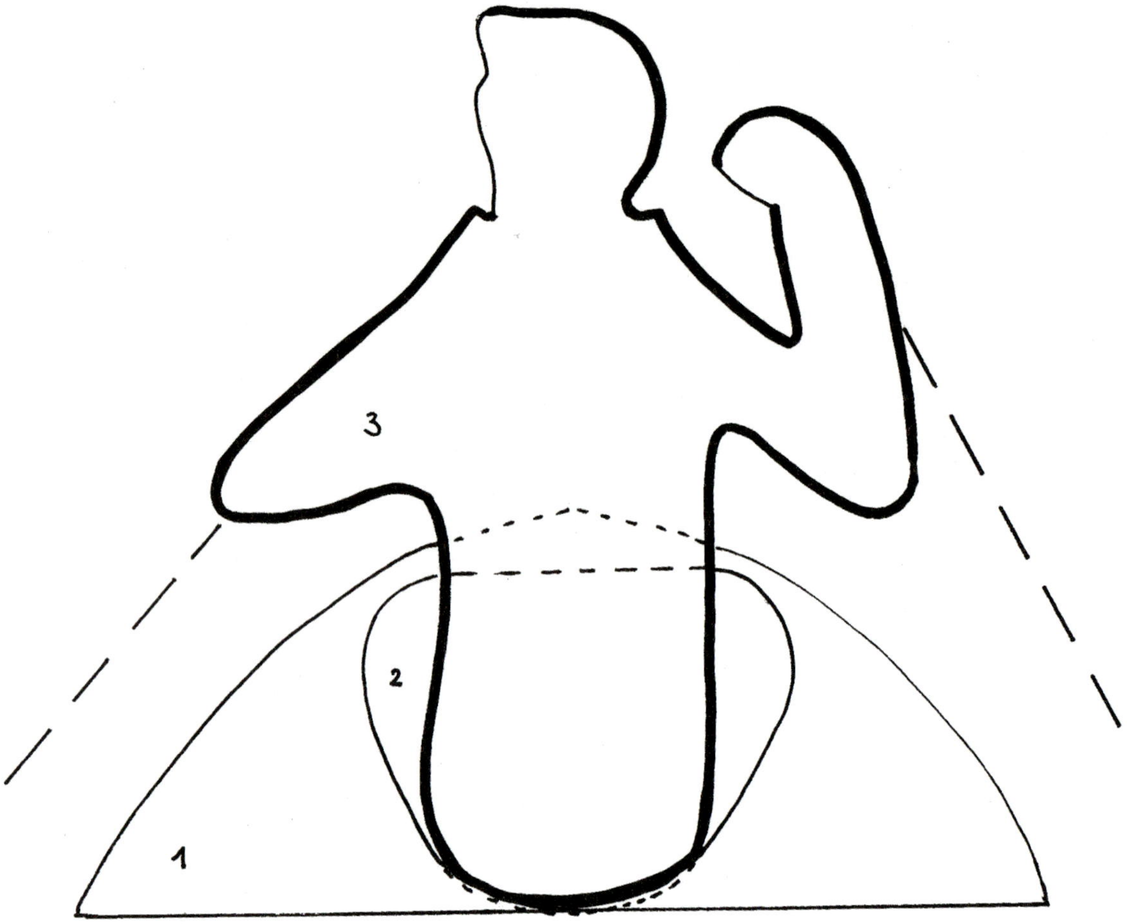

3

2

1

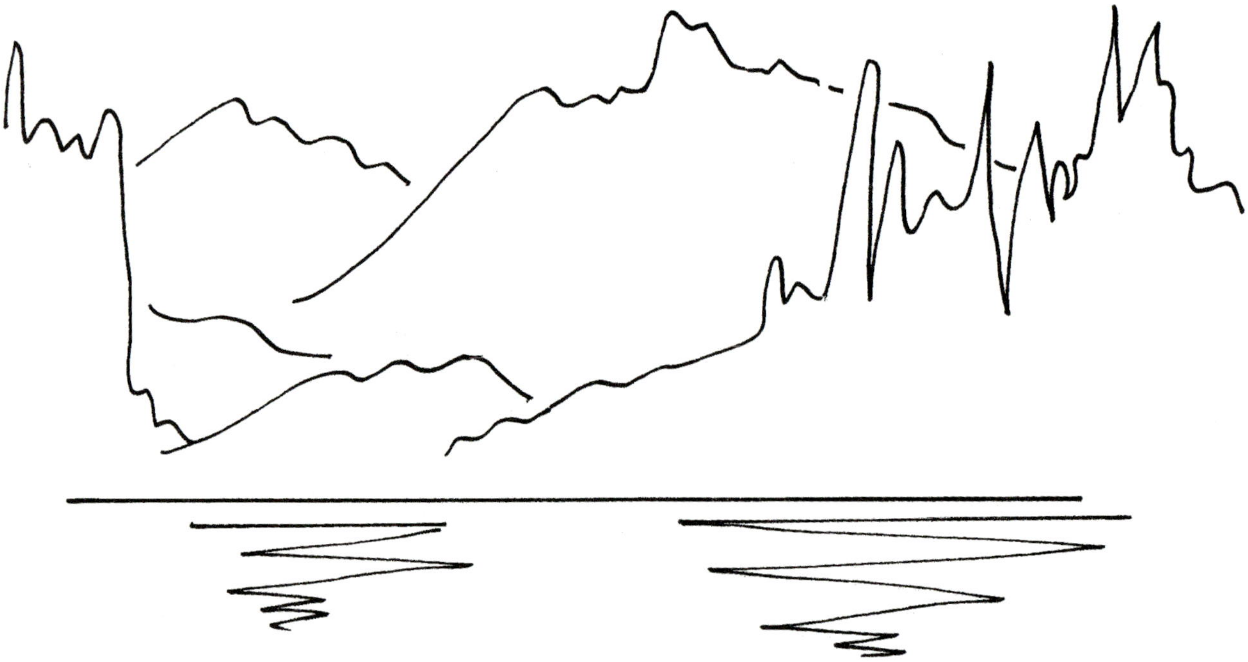

Projekt 2: Alte Mauer

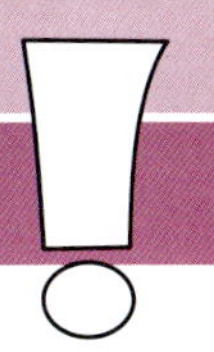

Kurzbeschreibung

Die Schüler gestalten mit Wasserfarben einen Teil einer alten Parkmauer mit einem Tor und Baumgruppen im Vordergrund. Durch gezieltes Zerschneiden und erneutes Aufkleben auf schwarzem Hintergrund entstehen im Spaltschnittverfahren Risse und Schattenzonen.

Jahrgangsstufe

7–10

Zeitaufwand

4 Unterrichtsstunden

Lernziele

1. Die Schüler gestalten eine Fläche in lavierender Malweise.
2. Sie zerlegen diese Fläche gezielt mit der Schere, wobei sie die Technik des Spaltschnitts anwenden.

Hinweise

1. Zeigen Sie als Einstieg einen Lösungsvorschlag als Folie und besprechen Sie die Arbeitshilfen auf der Vorlage.
2. Demonstrieren Sie mithilfe einer kleinen rechteckigen Fläche auf dem OHP die Methode und Wirkung des Spaltschnitts.
3. Weisen Sie darauf hin, dass Risse und Schattenzonen in der Mauer nicht durch Malen, sondern durch Zerschneiden und Auseinanderziehen von Flächen entstehen.
4. Die Schüler tönen die Mauerfläche in sehr hellen, mit viel Wasser vermischten Farben lavierend ab, bevor sie die Baumgruppen auf die Fläche setzen.
5. Zur Gestaltung des Tores wählen die Schüler einen sehr dünnen Pinsel (Nr. 3), damit feine Details besser gestaltet werden können.
6. Die Schüler können auch Fenster oder Gitter in das Bild integrieren.
7. Achten Sie darauf, dass die Mauer auf beiden Seiten in einer gerissenen Kante endet.

Projekt 2: Alte Mauer

Material

weißes Zeichenpapier (DIN A4), schwarzes Tonpapier (DIN A3), Bleistift, Radiergummi, Vorlage (Alte Mauer), Tageslichtprojektor, Schere, Malkasten, Wassergefäß, Pinsel (Nr. 6, 3), Klebestift

Anleitung

1. Alte Mauer im Park

a) Entwurfsskizze

Lege weißes Zeichenpapier in DIN A4 waagerecht vor dich hin.
Deute etwa 5 cm vom oberen Rand entfernt mit Bleistift die obere Begrenzung der Mauer an.
Reserviere am unteren Blattrand mit einer geschwungenen Linie einen Streifen, den du zunächst unbearbeitet lässt.
Zeichne in die Mauerfläche ein großes Tor. Dafür kannst du dich an den Vorschlägen auf der Vorlage orientieren oder eigene Ideen umsetzen: Gitter, Treppen, Portalüberbau, Säulen …

> *Tipp:* Damit das Tor symmetrisch wird, stellst du eine Schablone her. Nimm einen Papierrest doppelt, schneide mit der Faltkante als Mittelinie eine Torhälfte aus und klappe sie auf.

Zeichne nun zu beiden Seiten des Tores eine Gruppe aus hohen, schlanken Bäumen, deren Äste über die Mauer hinaus bis an den Blattrand ragen. An der Unterkante des Bildes enden sie in knorrigen Wurzeln.

b) Malen

Bemale die Mauerfläche mit einem breiteren Pinsel (z. B. Nr. 6).
Befeuchte die Stellen, die du bemalen willst, mit klarem Wasser und lass dann stellenweise wenig Ocker, Schwarz und Rot einfließen, sodass eine durchsichtige, fleckhafte Farbschicht entsteht.
Lass das Blatt gut durchtrocknen, bevor du weitermalst.
Gestalte das Tor mit einem dünnen Pinsel (Nr. 3) in wässrigem Braun , Ocker und Gelb und hebe die Umrisse und Binnenformen mit Schwarz hervor.
Nimm für die Bäume mit breiterem Pinsel (Nr. 6) kräftiges Braun, Rot und Grün mit wenig Wasser auf und bemale die Stämme und Äste in Wuchsrichtung von den Wurzeln zur Krone. Setze Akzente in Ocker und Deckweiß, um die Rindenstruktur zu betonen.
Lass das Bild wiederum trocknen.

c) Spaltschnitt

Schneide das Bild entlang seiner Umrisslinien aus. Folge dabei ungefähr den gemalten Konturen.
Reiße an den Schmalseiten der Mauer zwei Streifen des Papiers ab, sodass unregelmäßige Kanten entstehen.
Beginne die Schneidearbeit mit dem Tor in der Mitte des Bildes: Schneide es in seinen Umrissen aus und lege gleich auch zwei unregelmäßig verlaufende Schnitte zum oberen Mauerrand an.
Lege die Teile auf einen Hintergrund aus schwarzem Tonpapier (DIN A3) und ziehe die Schnittkanten ein wenig auseinander: Die Kanten stellen sich jetzt als Risse in der Mauer dar.
Führe nun Schnitte entlang der Baumstämme und Äste durch: Je weiter du sie beim Auflegen auseinanderziehst, desto deutlicher wirkt der schwarze Hintergrund als Schattenzone oder weiteres Baummotiv.
Experimentiere mit der Lage der Teile und setze weitere Schnitte, bevor du alle Teile aufklebst.
Zerschneide zum Schluss den Streifen des Bildes, der am unteren Bildrand als Rest angefallen ist, in längliche, spitz zulaufende Teile, die du als Bodenformationen ins Bild klebst. Deute dort als Letztes mit einem dünnen Pinsel durch kurze Striche und Punkte Gräser und Moosflächen an.

Projekt 2, Vorlage: Alte Mauer

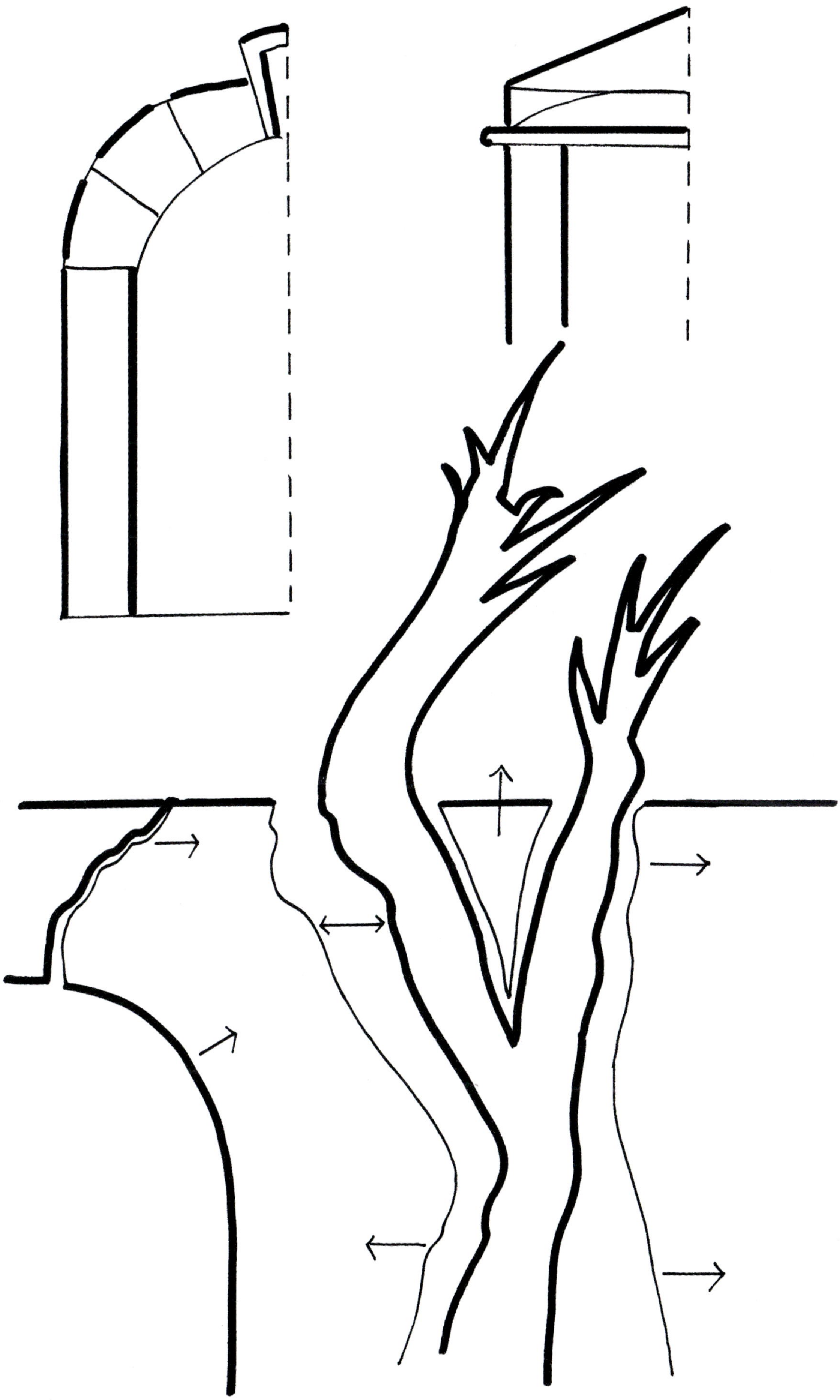

Projekt 3: Puzzlegesicht

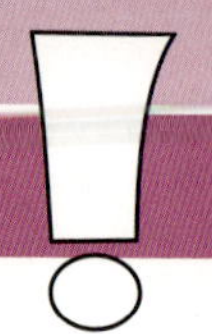

Kurzbeschreibung

Die Schüler bemalen Puzzleteile mit Wasserfarben, schneiden sie aus und setzen sie auf schwarzem Hintergrund zu einem Gesicht zusammen. Anschließend überarbeiten sie die Farbflächen mit Öl-/ Wachsmalkreiden und heben den Kopf durch weiße Rahmenteile hervor.

Jahrgangsstufe

7–10

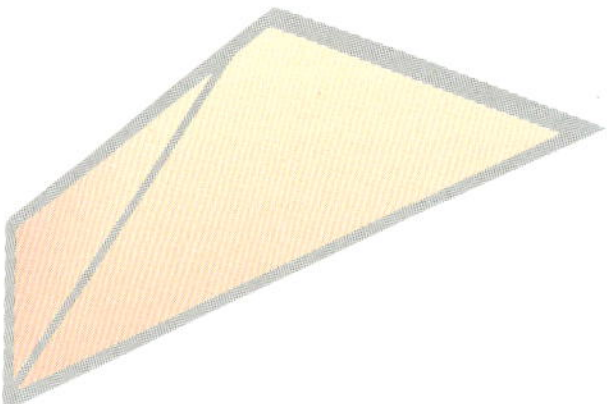

Zeitaufwand

4 Unterrichtsstunden

Lernziele

1. Die Schüler kombinieren mehrere Gestaltungstechniken: Malerei, Collage und Spaltschnitt.
2. Sie legen Farbschichten mithilfe verschiedener Malwerkzeuge übereinander.
3. Sie erhalten einen Einblick in Funktion und Arbeitsweise des Kubismus (Kunstgeschichte).

Hinweise

1. Zeigen Sie als Einstieg kubistische Bilder (z. B. von Picasso) und erläutern Sie das Prinzip der Aufsplitterung von Flächen.
2. Die Schüler bemalen die Puzzleteile unmittelbar auf der Vorlage mit Malkasten-, Aquarell- oder Acrylfarben. Erst nach dem Trocknen schneiden sie die Teile aus.
2. Achten Sie darauf, dass die Schüler mit der Lage der Teile beim Zusammensetzen des Puzzles auf schwarzem Tonpapier (DIN A4) experimentieren und unterschiedlich breite Zwischenräume stehen lassen (Prinzip Spaltschnitt).
3. Erst nach dem Aufkleben setzen die Schüler z. B. mit Wachsmalkreiden durch Schraffuren eine zweite Farbschicht auf die Flächen. Dabei sollten zusammengehörige Flächen mit derselben Farbe gestaltet werden.
4. Zum Schluss wird die geometrische Anlage des Gesichts nochmals durch eine entsprechende Rahmung aus weißem Papier (DIN A4) betont.

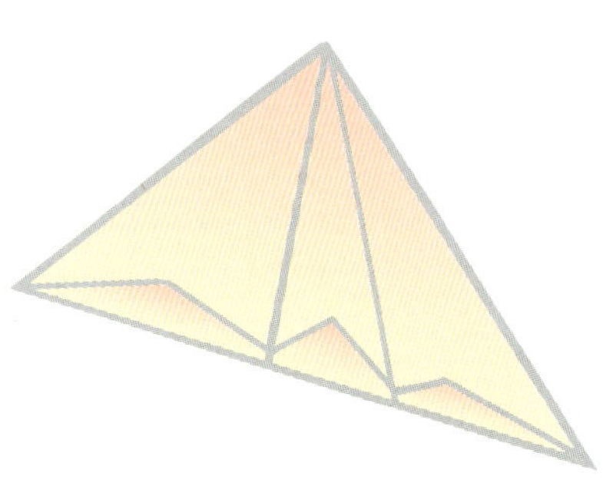

Projekt 3: Puzzlegesicht

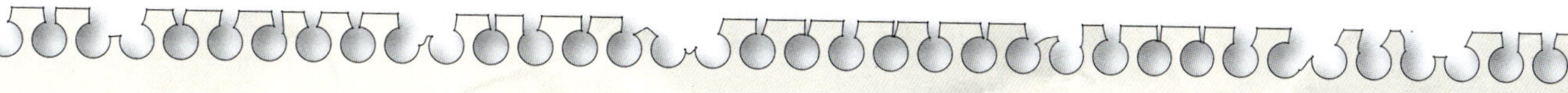

Material

Vorlage (Puzzlegesicht), Wasserfarben (Malkasten, Aquarell- oder Acrylfarben), Wassergefäß, Pinsel (Nr. 6), Schere, Klebestift, schwarzes Tonpapier (DIN A4), Bleistift, weißes Zeichenpapier (DIN A4)

Anleitung

1. Bemalen der Puzzleteile

Lege die Vorlage mit den Puzzleteilen auf deinen Arbeitsplatz.
Beginne damit, die einzelnen Flächen zu bemalen.
Du kannst dabei mit Malkastenfarben, Aquarellfarben oder Acrylfarben malen.
Trage die Farben immer mit einem dünneren Pinsel (z. B. Nr. 6) auf, beginnend mit den hellsten Farben, z. B. Gelb oder Orange.
Bemale jeweils die gesamte Fläche des Puzzleteils, du kannst dabei auch über die Begrenzung hinausmalen.
Lass die Farben gut trocknen und schneide die Puzzleteile abschließend aus.

2. Aufbau des Gesichts

Setze die Puzzleteile auf einem Hintergrund aus schwarzem Tonpapier (DIN A4) zu einem Gesicht zusammen.
Lass dabei zwischen den einzelnen Teilen Zwischenräume in unterschiedlicher Breite stehen.
Experimentiere mit der Lage der Teile, bevor du sie endgültig aufklebst.

Tipp: Entlang der vorgezeichneten Binnenlinien lassen sich auch noch weitere Schnitte setzen.

Wähle nun Wachsmal- oder Ölkreiden in kräftigen Farben für eine zweite Bemalung des Gesichts aus.
Lege Schraffuren in je einer Farbe über zusammengehörige Partien, z. B. Haare, Wangen, Hals, Brille, Nase, Mund. Arbeite hierbei mit unterschiedlichem Druck.
Teile der ersten Untermalung sollen noch sichtbar bleiben.

3. Rahmung

Lege weißes Zeichenpapier (DIN A4) neben dein Bild und grenze mit Bleistiftan allen vier Ecken dreieckige Flächen ab, die in einigem Abstand den Außenlinien des Kopfes folgen.
Schneide sie ab und kontrolliere ihre Lage auf dem Bild. (Die Ecken sollen passgenau mit den Ecken des Hintergrundes abschließen.)

Projekt 3, Vorlage: Puzzlegesicht

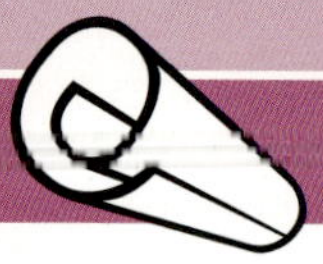

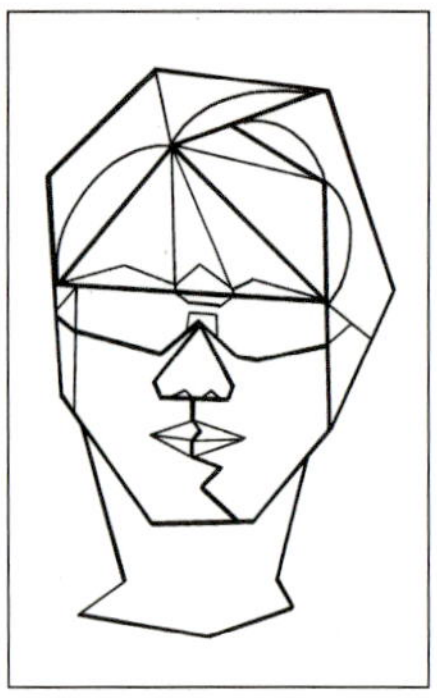

Ausgangsbild

Jederzeit optimal vorbereitet in den Unterricht?

»